New

Easy Korean
for foreigners

Easy Korean Academy 지음

🎓 한글파크

머리말

이지코리안 아카데미는 한국이라는 나라와 한국어에 대해 별 관심이 없었던 1995년부터 외국인과 해외 동포들에게 외국어로서의 한국어와 한국 문화를 알리기 위해 차근차근 준비해 왔습니다.

수백 종류의 외국어 교재는 즐비했지만 변변한 한국어 교재가 없었던 1998년 교재 개발에 착수하여 사설 어학 기관으로는 처음으로 전체 컬러의 한국어 교재 '쉬워요 한국어(Easy Korean)' 시리즈를 출판했으며 이 교재는 지금까지 많은 호응을 얻고 있고 여러 나라로 수출도 하고 있습니다.

한국어를 배우고자 하는 학습자들이 증가하면서 한국어 학습 목적도 점점 다양해졌습니다.

이지코리안 아카데미는 학습자들의 다양한 목적에 부합하는 한국어 교재 개발의 필요성을 절감하고 있었습니다. 그래서 학습자들의 요구와 지금까지 쌓아 온 풍부한 교수 경험을 토대로 기존의 '쉬워요 한국어(Easy Korean)' 시리즈보다 진일보하고 현재의 언어 환경에 맞는 새로운 'New Easy Korean' 시리즈를 개발했습니다.

한국 생활 사정 전반을 반영하여 자연스럽고 생생한 회화 장면을 설정했으며 그 장면들을 이해하는 데 필요한 규칙을 재미있고 유의미한 문형 연습을 통해 단계적으로 익힐 수 있도록 제시했습니다. 특히, 회화 운용 능력의 향상에 역점을 두어 말하기, 읽기, 듣기, 쓰기의 4가지 기능이 고루 조화를 이루도록 구성했으며 한국 문화의 소개도 추가했습니다.

한국어 학습자들은 누구나 단시간에 유창한 회화 실력을 갖추기를 원하고, 그에 부응이라도 하듯 교수와 학습은 '의사소통 능력'에만 편중되어 있습니다. 그러나 그것으로 인해 쉽게 간과해 버릴 수 있는 중요한 요소들이 있음은 분명합니다.

본 교재는 한국어 학습에 있어서 학습자들의 유창한 의사소통 능력뿐만 아니라 정확성까지 기르는 것을 목표로 개발했습니다. 학습자들에게 유창성과 정확성이라는 두 마리의 토끼를 잡을 수 있는 길잡이가 될 것입니다.

이지코리안 아카데미는 지금까지 해 왔던 성과와 결과에 만족하지 않고 한층 더 심화 발전된 외국어로서의 한국어 교육과 문화 교육, 한국어 교재 개발 및 양질의 한국어 교사 양성에 정진하여 앞으로도 더욱 한국 문화와 한국어를 세계인들에게 알리는 데 노력할 것입니다.

마지막으로 본 교재의 집필과 출판에 도움을 주신 모든 분들께 감사의 말씀을 전합니다.

이지코리안 아카데미

일러두기

New Easy Korean 5A는 1~8과로 구성되어 있다. 각 과는 '대화', '어휘', '문형 연습', '말하기', '읽기', '듣기', '쓰기', 'JUMP PAGE', '한국 문화', '종합 연습'으로 이루어져 있다. 관련된 듣기 파일은 홈페이지 자료실에서 다운로드하거나 각 페이지 상단의 'QR코드' 또는 표지 뒤의 전체 'QR코드'를 활용하여 들을 수 있다. 또한 부록에는 듣기 지문, 모범 답안을 수록했으며 단어(영어, 일본어, 중국어, 베트남어 번역)와 문형 설명도 함께 수록했다. 구체적인 내용은 다음과 같다.

대화

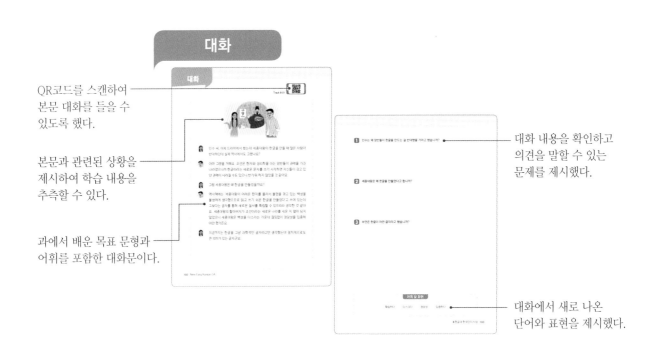

QR코드를 스캔하여 본문 대화를 들을 수 있도록 했다.

본문과 관련된 상황을 제시하여 학습 내용을 추측할 수 있다.

과에서 배운 목표 문형과 어휘를 포함한 대화문이다.

대화 내용을 확인하고 의견을 말할 수 있는 문제를 제시했다.

대화에서 새로 나온 단어와 표현을 제시했다.

어휘

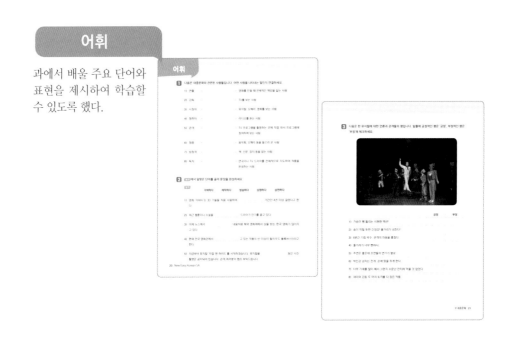

과에서 배울 주요 단어와 표현을 제시하여 학습할 수 있도록 했다.

문형 연습

단계별 학습을 지향하여 다음과 같이 구성했다.

목표 문형

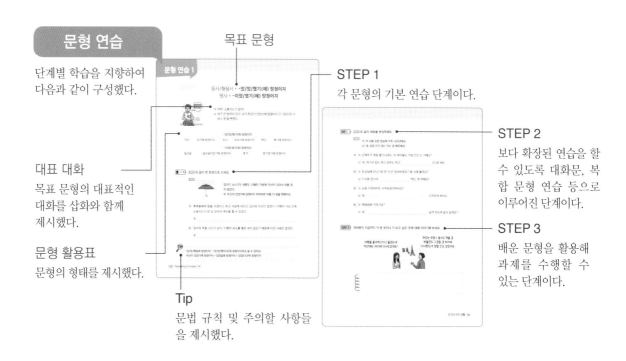

STEP 1
각 문형의 기본 연습 단계이다.

대표 대화
목표 문형의 대표적인 대화를 삽화와 함께 제시했다.

문형 활용표
문형의 형태를 제시했다.

Tip
문법 규칙 및 주의할 사항들을 제시했다.

STEP 2
보다 확장된 연습을 할 수 있도록 대화문, 복합 문형 연습 등으로 이루어진 단계이다.

STEP 3
배운 문형을 활용해 과제를 수행할 수 있는 단계이다.

말하기

배운 목표 문형과 어휘를 활용하여 이야기할 수 있는 단계이다. 이야기 만들기, 토론하기, 설명하기, 조언하기 등 다양한 형식으로 구성했다.

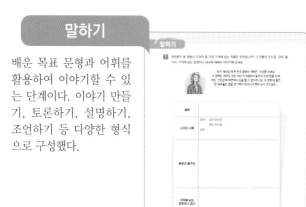

읽기/읽기 연습

목표 문형과 어휘를 활용한 읽기로 학습자의 수준에 맞는 실제적이고 다양한 종류의 글로 구성했고, 읽기 연습을 통해 지문에서 제시된 어휘, 표현을 연습, 활용할 수 있도록 구성했다.

듣기

목표 문형과 어휘를 활용한 듣기로 학습자의 수준에 맞는 실제적이고 다양한 종류의 내용으로 구성했다. QR코드를 스캔하면 듣기 내용을 들을 수 있고 내용 확인을 위한 문제를 함께 제시했다.

쓰기

목표 문형과 어휘를 활용해 주어진 주제에 대해 쓸 수 있도록 했다.

일러두기

종합 연습

각 과의 전체적인 내용을 복습할 수 있도록 구성했다.

JUMP PAGE

목표 문형과 관련되어 추가적으로 학습해야 할 부분이나 문법 규칙, 과의 주제와 관련 있는 읽을거리 등을 제시했다.

한국 문화

각 과의 주제와 관련 있는 한국의 문화를 소개했다.

단어 목록

각 과에 새로 나온 단어와 표현을 항목별로 제시했다.

책 속의 책

듣기 지문
듣기의 내용을 수록했다.

모범 답안
각 과의 항목별로 모범
답안을 수록했다.

단어 목록
새로 나온 어휘와 표현을 한
눈에 볼 수 있도록 제시했으
며 영어, 일본어, 중국어, 베
트남어로 번역했다.

문형 설명
과의 주요 문형에 대한
설명을 표, 예문과 함께
제시했다.

교재 구성표

과	어휘	문형	말하기	
1과 대중문화	• 대중문화 • 감상평	-더라고요 -(으)ㄴ/는 데다(가) -(으)ㄴ/는 법이다	• 기억에 남는 작품 소개하기	
2과 인터넷과 생활	• 이메일 • 인터넷	-길래 -(으)ㄴ/는 셈이다 -(으)ㄹ 겸	• 스티브 잡스의 생애 조사 • 자주 사용하는 애플리케이션이나 인터넷 서비스 소개하기	
3과 건강	• 건강	-더라도 -기는커녕 -(으)ㄴ/는 셈 치다	• 건강 상식	
4과 교통	• 교통	-는 바람에 -(으)ㄹ 걸 그랬다 -(으)ㄹ 지경이다	• 휴가철 교통수단	

읽기/읽기 연습	듣기	쓰기	종합 연습	JUMP PAGE	한국 문화
• 표절의 기준과 패러디, 오마주와의 차이	• 한국 드라마 – 새로운 사극	• 표절 사례 조사 • 표절에 대한 의견	• 1과 종합 연습		• 역대 천만 관객 돌파 영화
• 스티브 잡스와 디지털 노마드	• 스마트폰 중독	• 스마트폰 중독 예방 규칙 정하기 • 인터넷과 스마트폰으로 인한 문제 사례 찾아보기	• 2과 종합 연습		• 스마트폰 사용 실태 조사
• 생활 속 건강 상식 Q&A	• 스트레스와 정신 건강	• 연령별 관심사	• 3과 종합 연습	• 신체 관련 표현	
• 민족 대이동	• 대중교통 이용 시 하는 일	• 대중교통 관련 설문 조사	• 4과 종합 연습	• 설문 조사에서 자주 사용하는 표현	

교재 구성표

과	어휘	문형	말하기	
5과 한국의 축제	• 축제	–았/었/했기(에) 망정이지	• 세계의 축제	
		–(으)ㄴ/는 걸 보니(까)		
		–(으)ㄴ/는/(으)ㄹ 줄 알다/모르다		
6과 문학	• 문학	–기(가) 일쑤다	• 시를 가사로 한 노래	
		–느니		
		–는 둥 마는 둥 (하다)		
7과 사회 공헌	• 이웃 돕기	얼마나 –(으)ㄴ/는지 알다/모르다	• 사회 공헌 인물	
		–고 보니(까)		
		–(으)ㄴ들		
8과 한글과 한국인의 사상	• 사상 • 한글	–(으)므로	• 세계의 문자	
		–(으)리라		
		–(으)ㄴ/는 가운데		

읽기/읽기 연습	듣기	쓰기	종합 연습	JUMP PAGE	한국 문화
• 한국의 다양한 축제 안내	• 서울 봄꽃 길	• 축제 소개하기	• 5과 종합 연습	• 틀리기 쉬운 외래어	
• 순수문학과 대중문학	• 문학 치료	• 짧은 시 쓰기	• 6과 종합 연습	• 비유 표현	
• 마더 테레사	• 지진 구호 활동	• 사회 공헌을 실천한 인물이나 단체 조사	• 7과 종합 연습	• 부사	
• 한글 창제 배경과 한글의 현재	• 과학적인 한글	• 각 나라의 글자 • 각 나라를 대표하는 것	• 8과 종합 연습		• 사라진 한글 자모

조앤
- 미국 사람
- 20대
- 회사원

민수
- 한국 사람
- 30대
- 회사원

다나카
- 일본 사람
- 30대
- 회사원

쑤언
- 베트남 사람
- 30대
- 회사원

미라
- 한국 사람
- 30대
- 회사원

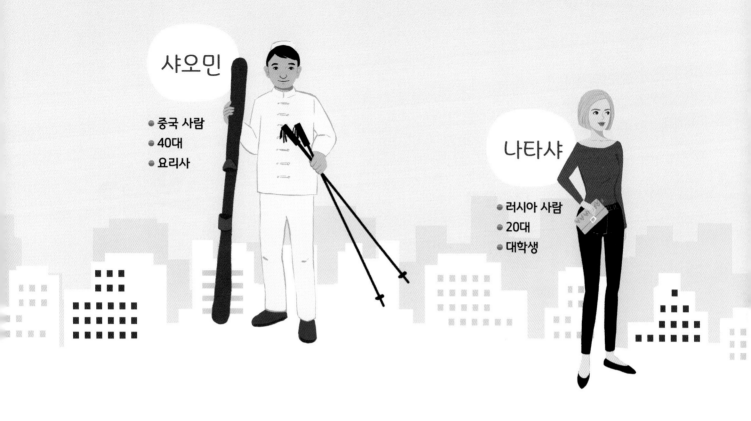

샤오민
- 중국 사람
- 40대
- 요리사

나타샤
- 러시아 사람
- 20대
- 대학생

다니엘
- 프랑스 사람
- 30대
- 회사원

호세
- 아르헨티나 사람
- 20대
- 운전기사

목차

unit 1 대중문화 16

-더라고요
-(으)ㄴ/는 데다(가)
-(으)ㄴ/는 법이다

unit 2 인터넷과 생활 42

-길래
-(으)ㄴ/는 셈이다
-(으)ㄹ 겸

unit 3 건강 66

-더라도
-기는커녕
-(으)ㄴ/는 셈 치다

unit 4 교통 92

-는 바람에
-(으)ㄹ 걸 그랬다
-(으)ㄹ 지경이다

unit 1
대중문화

목표 문형

- –더라고요
- –(으)ㄴ/는 데다(가)
- –(으)ㄴ/는 법이다

Track 1-01

민수 씨, 어제 TV에서 봤는데 한국 영화 중에서 관객 천만 명을 돌파한 영화가 20편이 넘더라고요.

아! 저도 그 방송 봤어요. 천만 명이면 한국인 다섯 명 중 한 명은 직접 극장에 가서 그 영화를 봤다는 뜻이니까 대단한 기록이죠.

민수 씨는 그 영화들을 다 봤어요?

다는 아니지만 대부분 본 것 같아요. 조앤 씨는 어때요?

저도 한국어 공부를 위해서 유명한 영화는 일부러 찾아서 보는 편이에요. 한국 영화는 재미도 있는 데다가 배우들이 연기를 잘해서 너무 좋아요. 얼마 전에는 제가 재미있게 봤던 한국 영화가 외국 영화제에서 감독상과 여우 주연상을 받았는데 제 일처럼 뿌듯하더라고요.

네, 영화도 그렇고 케이팝도 그렇고 세계적으로 인정받는 한국 대중문화 콘텐츠들이 많아져서 자랑스럽기도 하지만 걱정되는 것도 사실이에요. 기대가 크면 실망도 큰 법이니까요.

1 조앤과 민수는 어제 방송에서 어떤 내용을 봤습니까?

2 조앤은 왜 한국 영화를 좋아한다고 했습니까?

3 조앤이 본 한국 영화는 영화제에서 무슨 상을 받았습니까?

4 민수는 어떤 점이 걱정된다고 했습니까?

어휘 및 표현

돌파하다   일부러   여우주연상

어휘

1 다음은 대중문화와 관련된 사람들입니다. 어떤 사람을 나타내는 말인지 연결하세요.

1) 연출 ·　　　　　　　　　　　· 영화를 만들 때 전체적인 책임을 맡는 사람

2) 감독 ·　　　　　　　　　　　· TV를 보는 사람

3) 시청자 ·　　　　　　　　　　　· 뮤지컬, 오페라, 영화를 보는 사람

4) 청취자 ·　　　　　　　　　　　· 라디오를 듣는 사람

5) 관객 ·　　　　　　　　　　　· TV 프로그램을 촬영하는 곳에 직접 와서 프로그램에
　　　　　　　　　　　　　　　　참여하며 보는 사람

6) 청중 ·　　　　　　　　　　　· 음악회, 오페라 등을 들으러 온 사람

7) 방청객 ·　　　　　　　　　　　· 책, 신문, 잡지 등을 읽는 사람

8) 독자 ·　　　　　　　　　　　· 연극이나 TV 드라마를 전체적으로 지도하여 작품을
　　　　　　　　　　　　　　　　완성하는 사람

2 보기 에서 알맞은 단어를 골라 문장을 완성하세요.

보기

각색하다　　　　제작하다　　　　방송하다　　　　상영하다　　　　상연하다

1) 영화 '아바타'는 3D 기술을 처음 사용하여 ＿＿＿＿＿＿＿＿＿ 기간만 4년 이상 걸렸다고 한다.

2) 최근 웹툰이나 소설을 ＿＿＿＿＿＿＿ 드라마가 인기를 끌고 있다.

3) 어제 뉴스에서 ＿＿＿＿＿＿＿ 내용처럼 해외 영화제에서 상을 받는 한국 영화가 많아지
고 있다.

4) 현재 전국 영화관에서 ＿＿＿＿＿＿＿ 고 있는 작품의 반 이상이 할리우드 블록버스터라고
한다.

5) 지금부터 뮤지컬 '지킬 앤 하이드'를 시작하겠습니다. 뮤지컬을 ＿＿＿＿＿＿＿ 동안 사진
촬영은 금지되어 있습니다. 관객 여러분의 협조 부탁드립니다.

3 다음은 한 뮤지컬에 대한 언론과 관객들의 평입니다. 긍정적인 평은 '긍정', 부정적인 평은 '부정'에 체크하세요.

	긍정	부정
1) 가슴이 뻥 뚫리는 시원한 액션!		
2) 숨이 막힐 듯한 긴장감! 볼거리가 넘친다!		
3) 6분간 기립 박수. 관객의 마음을 훔쳤다.		
4) 줄거리가 너무 뻔하다.		
5) 주연은 좋은데 조연들의 연기가 별로.		
6) 박진감 넘치는 전개. 손에 땀을 쥐게 한다.		
7) 너무 기대를 많이 해서 그런지 소문난 잔치에 먹을 것 없었다.		
8) 재미와 감동 두 마리 토끼를 다 잡은 작품.		

동사/형용사 + **-더라고요**   명사 + **-(이)더라고요**

가: 밖에 비가 오더라고요.

나: 진짜요? 우산이 없는데 어떡하지......

-더라고요

가다	가더라고요	작다	작더라고요	공원	공원이더라고요

STEP 1   보기 와 같이 쓰세요.

보기

가: 그 공연 어땠어요?

나: 정말 재미있더라고요. 미선 씨도 꼭 가서 보세요.

1) 가: 샘 씨, 대만에 가 본 적 있어요?

   나: 네, 여름에 갔었는데 정말 _____.

2) 가: 어제 민수 집에서 집들이를 했다면서요?

   나: 네, 근데 민수 씨 요리 솜씨가 진짜 _____.

3) 가: 지난주에 소개팅했다면서요?

   나: 네, 근데 약속 장소에 나갔더니 그 사람이 _____.

4) 가: 연휴 때 친구를 만난다고 했잖아요. 잘 만나셨어요?

   나: 아니요, 그 친구가 _____. 그래서 못 만났어요.

5) 가: 어제 나영 씨 봤어요? 머리를 아주 짧게 자르고 와서 깜짝 놀랐어요.

   나: 네, 봤어요. 긴 머리도 잘 어울리지만 짧은 머리도 _____ .

6) 가: 미라 씨, 저 아저씨 알아요?

   나: 네, 식당에 들어갈 때부터 계속 쳐다봐서 이상하다고 생각했는데 _____

   _____ .

STEP 2 다음 상황에서 리카 씨는 민수 씨에게 어떻게 말할까요? **보기** 와 같이 대화를 완성하세요.

보기
미라 씨의 승진 시험이 내일이라는 것을 들었을 때
➡ 리카: 민수 씨, 미라 씨 승진 시험이 내일이더라고요. 우리가 초콜릿이라도 사 줘야 할 것
       같아요.
   민수: 그래요? 리카 씨가 말 안 해 줬으면 큰일 날 뻔했네요.

1) 달력을 보고 올해는 휴일이 다 주말하고 겹친다는 것을 알았을 때

   ➡ 리카: _____

      민수: _____

2) 오늘 아침에 부장님을 만났는데 기분이 안 좋아 보였을 때

   ➡ 리카: _____

      민수: _____

3) 어제 본 드라마가 생각보다 재미있었을 때

   ➡ 리카: _____

      민수: _____

4) 새로 생긴 식당이 너무 별로였을 때

   ➡ 리카: _____

      민수: _____

다음 주제에 대해 이야기하세요.

주말에 영화 '서울의 봄'을 봤는데 진짜 재미있더라고요.

저도 그 영화를 봤는데 배우들이 정말 연기를 잘하더라고요.

재미있게 본 영화, 드라마, 공연

기억에 남는 여행지

내가 직접 만난 사람

직접 가 본 맛집

최근 날씨

동사 + -(으)ㄴ/는 데다(가)

형용사 + -(으)ㄴ 데다(가)　명사 + -인 데다(가)

가: 왜 이렇게 전화를 늦게 받아요?

나: 미안해요. 아이가 우는 데다가 초인종까지 울려서 정신이 없었어요.

	-(으)ㄴ 데다가	-는 데다가
먹다	먹은 데다가	먹는 데다가

	-(으)ㄴ 데다가		-인 데다가
바쁘다	바쁜 데다가	가수	가수인 데다가

STEP 1　보기 와 같이 연결하세요.

보기　돈을 벌어야 한다　———　경력을 쌓아야 한다　·　· 감기에 걸린 것 같다.

1)　늦잠을 잤다　·　· 밖에 오래 서 있었다　·　· 거기서 일하고 있다.

2)　유명한 배우가 출연한다 ·　· 특수 효과도 훌륭하다　·　· 전석 매진이 되었다.

3)　입장료가 무료다　·　· 길이 막혔다　·　· 지각했다.

4)　옷을 춥게 입었다　·　· 볼거리도 많다　·　· 찾는 사람이 많다.

보기　돈을 벌어야 하는 데다가 경력을 쌓아야 해서 거기서 일하고 있다.

1) _____

2) _____

3) _____

4) _____

보기 와 같이 대화를 완성하세요.

보기   가: 오늘 공연 정말 멋졌죠!
          나: 맞아요. 감동적인 데다가 재미도 있었어요. 두 마리 토끼를 다 잡은 것 같아요.

1) 가: 민수 씨, 많이 아파 보이는데 괜찮아요?

    나: 아니요, _____ 계속 기침이 나서 너무 힘들어요.

2) 가: 그 배우는 _____ 목소리도 좋아.

    나: 그러게. 완전 멋있어.

3) 가: _____ 사고까지 나서 아침부터 길이 엄청 막히네요.

    나: 이렇게 차가 밀릴 줄 알았으면 지하철을 탈 걸 그랬어요.

4) 가: _____ 계속 앉아 있었더니 속이 불편해요.

    나: 그럼 소화제를 좀 드셔 보세요.

5) 가: 오늘은 손님이 별로 없네요.

    나: _____ 비까지 와서 그런 것 같아요.

6) 가: 아파트를 하나 보고 왔는데 별로 마음에 들지 않아요. _____
       월세도 너무 비싸더라고요.

    나: 다른 데도 좀 더 알아봐야겠네요.

7) 가: 그 사무실에 새로 들어온 직원 어때요?

    나: _____ 예의도 바르더라고요. 아주 좋은 사람 같아요.

8) 가: K전자에서 출시된 신제품에 기대를 많이 했는데 별로인가 봐요. _____
       기능도 안 좋대요.

    나: 흠...... 인기를 얻기는 힘들겠네요.

STEP 3 다음 주제에 대해 둘 중 하나를 골라 장점과 단점을 이야기해 보세요.

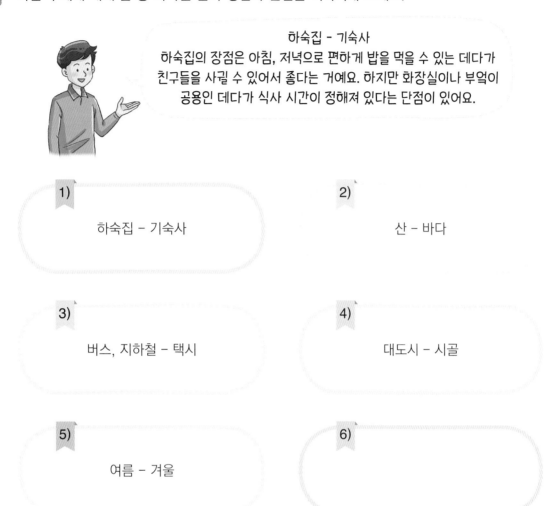

하숙집 – 기숙사
하숙집의 장점은 아침, 저녁으로 편하게 밥을 먹을 수 있는 데다가
친구들을 사귈 수 있어서 좋다는 거예요. 하지만 화장실이나 부엌이
공용인 데다가 식사 시간이 정해져 있다는 단점이 있어요.

1)

하숙집 – 기숙사

2)

산 – 바다

3)

버스, 지하철 – 택시

4)

대도시 – 시골

5)

여름 – 겨울

6)

동사 + -는 법이다   형용사 + -(으)ㄴ 법이다
명사 + -인 법이다

가: 그 영화를 친구들이 모두 추천해서 봤는데 생각보다 별로였어요.
나: 원래 소문난 잔치에 먹을 것 없는 **법**이에요.

-는 법이다		-(으)ㄴ 법이다		-인 법이다	
오다	오는 법이다	필요하다	필요한 법이다	고민	고민인 법이다

STEP 1 보기 와 같이 연결하세요.

보기 힘든 일도 시간이 지나다 •   • 복이 온다.

1)   꾸준히 노력하다   •   • 벌을 받는다.

2)   항상 웃고 긍정적으로 생각하다 •   • 사고가 나게 된다.

3)   죄를 짓다   •   • 잊게 된다.

4)   운전 중에 딴짓을 하다   •   • 언젠가는 결실을 맺는다.

보기 힘든 일도 시간이 지나면 잊게 되는 법이다.

1) _____

2) _____

3) _____

4) _____

보기 와 같이 알맞은 단어를 골라 문장을 완성하세요.

약해지다   필요하다   시들다   좋다
밝혀지다   있다   줄어들다   크다

보기
사람이 병에 걸리면 마음이 약해지는 법입니다. 그러므로 환자에게는 가족의 관심과 격려가 필요합니다.

1) 모든 일에는 시간이 _____

2) 불황이 계속되면 소비가 _____

3) 아무리 아름다운 꽃도 언젠가는 _____

4) 비밀은 아무리 숨기려고 해도 언젠가는 _____

5) 기대가 크면 실망도 _____

6) 끝이 좋으면 다 _____ 이니까 마무리를 잘합시다.

7) 힘든 일이 있으면 좋은 일도 _____ 이니까 너무 실망하지 마세요.

STEP 3 보기 와 같이 멋있는 명언을 만들어 보세요.

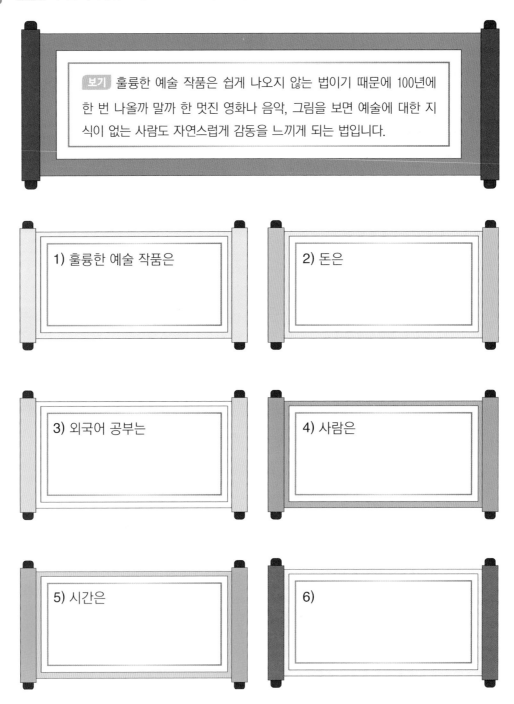

보기 훌륭한 예술 작품은 쉽게 나오지 않는 법이기 때문에 100년에 한 번 나올까 말까 한 멋진 영화나 음악, 그림을 보면 예술에 대한 지식이 없는 사람도 자연스럽게 감동을 느끼게 되는 법입니다.

1) 훌륭한 예술 작품은

2) 돈은

3) 외국어 공부는

4) 사람은

5) 시간은

6)

1. 여러분이 본 영화나 드라마 중 가장 기억에 남는 작품은 무엇입니까? 그 작품의 주인공, 감독, 줄거리, 기억에 남는 장면이나 대사에 대해서 이야기해 보세요.

 제가 재미있게 본 한국 영화의 제목은 '기생충'이에요. 이 영화는 재미도 있는 데다가 처음부터 끝까지 손에 땀을 쥐게 하는 긴장감에 화면에서 눈을 뗄 수 없더라고요. 이 영화에 출연한 배우들은 정말 연기력이 뛰어난데 특히 남자 주인공은…

제목	
나오는 사람	주연 – 남자 주인공 : 　　　　여자 주인공 : 조연
배경과 줄거리	
기억에 남는 장면이나 대사	
한 줄 평과 별점	☆☆☆☆☆

> 표절: 타인의 창작물을 허락 없이
> 자신의 창작물처럼 도용하는 것

1) 논문 표절 심사 기준

교수 출신 공직자나 유명인들의 논문 표절이 사회 문제가 되면서 각 대학이나 학회에서 공통된 표절 심사 기준의 필요성이 논의되었고, 이에 교육인적자원부에서는 아래와 같은 논문 표절 가이드라인을 마련하여 논문 표절 여부를 판단할 수 있도록 했다.

① 연결된 여섯 단어 이상의 표현이 일치하는 경우

② 주제 또는 데이터가 동일하거나 유사한 경우

③ 다른 사람의 창작물을 자신의 것처럼 이용하는 경우

④ 남의 표현이나 아이디어를 출처를 표시하지 않고 사용하는 경우

⑤ 창작성이 인정되지 않는 짜깁기를 한 경우

⑥ 연구 결과를 조작한 경우

⑦ 자신의 논문이라 하더라도 출처를 밝히지 않고 상당 부분을 그대로 다시 사용하는 경우

2) 음악 표절 심사 기준

과거에는 첫 4마디, 중간 8마디 등 일정 마디가 같으면 표절이라는 기준이 있었지만 악용하는 경우가 많아 현재는 멜로디, 리듬, 화음의 3요소를 기본으로 곡의 전체적인 분위기, 곡의 발표 시점, 일반 청중의 의견 등을 종합적으로 고려하여 판단한다.

〈과거〉

〈현재〉

3) 영화, 드라마 표절 심사 기준

대사뿐만 아니라 등장인물과 사건의 전개, 작품의 전체 분위기, 전개 속도 등 여러 가지 요소를 고려하여 판단한다.

4) 표절과 패러디, 오마주의 차이

　패러디와 오마주는 표절 여부를 판단하기 힘들 때가 많아 문제가 되기도 하는데, 패러디는 잘 알려진 원작의 특정한 내용이나 대사를 인용하여 재미있게 표현하는 것을 뜻한다. 유명한 작품을 바탕으로 새로운 메시지나 웃음을 전달하는 것이 목적이다. 오마주는 존경, 존중을 뜻하는 프랑스어로 원작자에 대한 존경의 뜻을 담아 특정 장면이나 대사를 인용하는 것을 뜻한다. 쉽게 말해, 패러디는 원작을 알면 재미있는 것, 오마주는 원작을 알리고 싶은 것, 표절은 원작이 밝혀지면 곤란한 것이라 할 수 있다.

1　읽은 내용과 같으면 ○, 다르면 X에 ∨ 하세요.

1)	논문 표절이 사회적 문제가 되면서 각 대학이나 학회별로 표절 심사 가이드라인을 마련했다.	○	X
2)	논문의 연결된 여섯 단어 이상의 표현이 일치하면 표절이다.	○	X
3)	자신이 쓴 논문이라면 출처를 밝히지 않고 다시 사용해도 괜찮다.	○	X
4)	각 곡의 일정 마디(첫 4마디, 중간 8마디)가 같으면 표절이다.	○	X
5)	영화, 드라마는 대사뿐만 아니라 극의 여러 가지 요소를 고려하여 표절인지 아닌지 판단한다.	○	X

2　패러디와 오마주의 의미를 설명할 때 '㉮, ㉯'에 들어갈 말로 알맞은 것은?

　　패러디: 기본적으로　㉮　을/를 밝히고 그것을 재미있게 표현한 것.
　　오마주: 다른 예술가에 대하여 존경의 뜻을 담아 특정한 장면이나 대사를　㉯　한 것.

	㉮	㉯
1)	원작	표현
2)	원작	인용
3)	판단	인용
4)	판단	표현

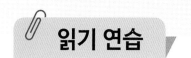

1 다음 단어에 대한 알맞은 설명을 골라 연결하세요.

1) 원작자 ·   · 다른 사람

2) 교수 ·   · 원래 작품을 만든 사람

3) 도용 ·   · 남의 물건이나 이름을 훔침

4) 창작물 ·   · 대학교에서 학생들을 가르치고 연구하는 사람

5) 타인 ·   · 처음으로 만들어 낸 물건이나 아이디어

2 보기 에서 알맞은 단어를 골라 문장을 완성하세요.

보기

고려   원작   심사   마련   짜깁기

1) 최근 한 인기 드라마의 내용과 주요 장면이 1930년대 미국 영화 여러 편을 _____ 한
   것이 밝혀져 문제가 되고 있다.

2) 몇 개월간 열심히 논문을 준비해서 지난주에 제출했고 이제 _____ 결과를 기다리고
   있다.

3) 그 문제에 대해서는 아직 _____ 중입니다. 조금만 더 시간을 주세요.

4) 엉뚱한 피해자가 생기지 않도록 표절에 대한 기준이 제대로 _____ 되어야 한다.

5) 그 영화의 _____ 은/는 웹툰이라고 하던데 줄거리나 등장 인물은 모두 동일한가요?

Track 1-02

1 보기 에서 알맞은 단어를 골라 뉴스의 내용을 완성하세요.

보기

빈부 차이 　　 출생의 비밀 　　 갈등 　　 시청률

1) 한국 드라마에 등장하는 뻔한 내용이 있죠. 가난한 여자와 부자 남자가 만나고, 사랑에 빠지면서 ＿＿＿＿＿＿＿＿＿＿ 때문에 ＿＿＿＿＿＿＿＿＿＿ 을/를 겪고 부모의 반대에도 부딪히고……
거기에 교통사고와 기억상실까지 등장합니다.

2) 한국 드라마에서는 ＿＿＿＿＿＿＿＿＿＿ 이/가 소재가 될 때가 많습니다. 사랑하는 남녀가 알고
보니 어릴 때 헤어진 남매였다거나, 가난한 주인공이 알고 보니 부잣집의 잃어버린 상속자였다거
나 하는 내용이죠.

3) 국내에서 50%가 넘는 ＿＿＿＿＿＿＿＿＿＿ 을/를 기록했던 '대장금'은 중국, 일본 등 총 60여 개
국에 수출되었습니다.

2 들은 내용과 다른 것을 고르세요.

1) 한국의 사극이 역사적 사실과는 다른 내용으로 비판을 받고 있다.

2) 드라마에서 빈부 차이, 출생의 비밀 등은 극적 효과를 내기 위한 장치이다.

3) 사극에서는 주인공들이 갈등을 겪는 이유로 실제 있었던 역사적인 사건이 등장하기 때문에 설득
력이 높다.

4) 사극은 한국의 전통 문화를 알리는 콘텐츠로서의 기능도 높다.

1 여러분이 알고 있는 표절과 관련된 예를 소개해 주세요.

2 예술 분야에서는 원작자의 권리를 지키기 위해 표절을 법적으로 엄격히 처벌해야 한다는 주장도 있지만, 너무 엄격한 제한은 예술가의 표현의 자유를 막아 창의력을 발휘할 수 없게 한다는 주장도 있습니다. 두 의견 중 어느 쪽에 찬성합니까? 자신의 의견을 써 봅시다.

1 보기 에서 알맞은 단어를 골라 문장을 완성하세요.

보기

| 주인공 | 조연 | 감독 | 연기 | 역(할) | 상영 | 관객 |

1) 가: 한국 영화 중에서 1,000만 명 이상의 _____ 이/가 본 영화가 10편이 넘는대요.
   나: 그럼 한국인의 20% 정도가 봤다는 뜻이니 정말 대단한 기록이군요!

2) 가: '베트맨 다크나이트'에서 '조커' _____ 을/를 했던 배우 이름이 뭐지?
   나: 히스 레저! '다크나이트'가 그 배우의 마지막 영화였지.

3) 〈영화관에서〉
   지금부터 영화가 시작되겠습니다. _____ 중에는 카메라나 핸드폰 사용을 하지 마시고 앞자리를 발로 차거나 다른 사람에게 피해를 주는 행동을 하지 마십시오.

4) 영화배우 최OO 씨는 데뷔하고 15년 동안 별로 크지 않은 역할인 _____ 만 하다가 처음으로 _____ 으로 영화를 찍고 있어 기쁘기도 하고 부담스럽기도 하다고 말했다.

5) 이번 영화제에서 작품상을 받은 김OO _____ 은/는 자신의 힘들었던 경험을 영화에 담아 감동적인 작품을 만들었다.

6) 가: 미라 씨가 가장 좋아하는 배우는 누구예요?
   나: 메릴 스트립이요. 전통적인 할리우드 미인은 아니지만 진짜 _____ 을/를 잘하는 배우라고 생각해요. 어떤 역할을 해도 진짜 잘 어울리거든요.

2 보기 에서 알맞은 감상평을 골라 대화를 완성하세요.

보기

가슴이 뻥 뚫리다　　　줄거리가 뻔하다　　　손에 땀을 쥐게 하다
두 마리 토끼를 잡다　　　소문난 잔치에 먹을 것 없다

1) 가: 이 영화가 곧 천만 명을 돌파할 거라며?

　　나: 응. 재미에 감동까지 _____.

2) 가: 어제 그 드라마 봤지? 정말 스트레스가 확 풀리더라!

　　나: 그러니까. 주인공이 계속 고생만 해서 마지막에 어떻게 되나 불안했는데

　　　　　　　　　　　　　　　　　　　　　　　　　　　　　　_____!

3) 가: 그 뮤지컬은 너무 인기가 많아서 예매 시작과 동시에 다 팔렸대요.

　　나: 저도 보긴 했는데 생각보다는 별로라 왜 이렇게 인기인지 잘 모르겠던데요.

　　가: _____ 말이 맞네요.

4) 가: 어떤 장르의 영화를 좋아하세요?

　　나: 저는 추리 장르요. 범인을 찾으면서 느껴지는 _____ 긴장감이 너무 좋거든요.

5) 가: 이 연극 별로다. 그렇지?

　　나: 응, 10분 정도 지났을 때부터 앞으로 어떻게 될지 예상이 다 되더라고.

　　가: 맞아. _____ 졸릴 정도였어.

3 보기 에서 알맞은 표현을 골라 대화를 완성하세요.

보기

-더라고요　　-(으)ㄴ/는 데다가　　-(으)ㄴ/는 법이다

각색　　제작　　상연　　상영　　연출　　원작

시청자　　청취자　　관객　　청중　　방청객　　독자

미라　민수 씨는 영화를 선택할 때 제일 중요하게 생각하는 게 뭐예요?

민수　저는 그 영화를 만든 감독이 누구인지 확인하는 편이에요. 미라 씨는요?

미라　저는 1) ＿＿＿＿＿＿＿ 시간이 중요해요. 두 시간 반이 넘으면 2) ＿＿＿＿＿＿＿ 졸리기까지 하거든요.

민수　진짜요? 하하. 저는 요즘 영화를 소개해 주는 라디오 프로그램에서 영화 정보를 많이 얻고 있어요. 아이돌 가수 김○○이 진행하는 라디오인데 들어 봤어요?

미라　아! 그 방송! 퇴근하면서 가끔 듣는데 정말 진행을 3) ＿＿＿＿＿＿＿. 학생들뿐만 아니라 직장인 4) ＿＿＿＿＿＿＿ 에게도 인기가 많대요.

민수　맞아요. 어제 방송에서 들었는데 '아이언맨'이나 '어벤저스'처럼 만화를 5) ＿＿＿＿＿＿＿ 한 영화가 인기가 많잖아요. 한국에서도 이○○ 작가의 만화를 6) ＿＿＿＿＿＿＿ (으)로 한 액션 영화를 7) ＿＿＿＿＿＿＿ 중이래요.

미라　그래요? 근데 한국에서 가능할까요? 아무래도 할리우드에 비해서 시장도 작고 제작비도 적으니까 여러 가지 어려움이 있을 것 같은데요. 액션 영화는 돈을 많이 들일수록 완성도가 8) ＿＿＿＿＿＿＿＿＿＿＿＿＿＿＿＿.

민수　그래도 원작이 워낙 좋으니까 저는 좀 기대가 되는데요? 요즘 한국 특수효과 기술의 수준도 많이 높아졌고요.

한국 문화

 역대 천만 관객 돌파 영화

순위	영화	관객
1위	명량	1761만
2위	극한직업	1626만
3위	신과함께:죄와 벌	1441만
4위	국제시장	1426만
5위	어벤져스:엔드게임	1392만
6위	아바타	1362만
7위	베테랑	1341만
8위	괴물	1301만
9위	도둑들	1298만
10위	7번방의 선물	1281만
11위	암살	1270만
12위	광해, 왕이 된 남자	1232만
13위	왕의 남자	1230만
14위	신과 함께: 인과 연	1227만
15위	택시운전사	1218만
16위	태극기 휘날리며	1174만
17위	부산행	1156만
18위	변호인	1137만
19위	해운대	1132만
20위	어벤져스:인피니티 워	1121만
21위	실미도	1108만
22위	어벤져스:에이지 오브 울트론	1049만
23위	알라딘	1044만
24위	인터스텔라	1030만
25위	겨울왕국	1029만
26위	기생충	1000만

어휘

- ☐ 연출
- ☐ 시청자
- ☐ 청중
- ☐ 방청객
- ☐ 독자
- ☐ 작품
- ☐ 각색하다
- ☐ 제작하다
- ☐ 상영하다
- ☐ 상연하다
- ☐ 웹툰
- ☐ 인기를 끌다
- ☐ 블록버스터
- ☐ 언론
- ☐ 평
- ☐ 뻥 뚫리다
- ☐ 볼거리
- ☐ 넘치다
- ☐ 기립 박수
- ☐ 주연
- ☐ 조연
- ☐ 박진감
- ☐ 손에 땀을 쥐다
- ☐ 소문이 나다

문형 연습

- ☐ 경력
- ☐ 특수 효과
- ☐ 전석
- ☐ 예의가 바르다
- ☐ 죄(를)짓다
- ☐ 벌을 받다
- ☐ 결실을 맺다
- ☐ 시들다
- ☐ 불황
- ☐ 명언
- ☐ 지식

말하기

- ☐ 기생충
- ☐ 화면
- ☐ 연기력

읽기

- ☐ 표절
- ☐ 타인
- ☐ 창작
- ☐ 도용하다
- ☐ 교수
- ☐ 출신
- ☐ 공직자
- ☐ 논문
- ☐ 학회
- ☐ 공통되다
- ☐ 심사
- ☐ 교육인적자원부
- ☐ 가이드라인
- ☐ 마련하다
- ☐ 여부
- ☐ 판단
- ☐ 일치하다
- ☐ 동일하다
- ☐ 유사하다
- ☐ 출처
- ☐ 짜깁기하다
- ☐ 조작하다
- ☐ 마디
- ☐ 악용하다
- ☐ 멜로디
- ☐ 리듬
- ☐ 화음
- ☐ 요소
- ☐ 종합
- ☐ 고려하다
- ☐ 패러디
- ☐ 오마주

- ☐ 원작
- ☐ 특정
- ☐ 바탕
- ☐ 존경
- ☐ 원작자
- ☐ 인용

읽기 연습

- ☐ 엉뚱하다

듣기

- ☐ 빈부
- ☐ 기억상실
- ☐ 소재
- ☐ 상속자
- ☐ 장치
- ☐ 사극
- ☐ 시청률
- ☐ 기록
- ☐ 수출
- ☐ 비판
- ☐ 설득력
- ☐ 콘텐츠

쓰기

- ☐ 권리
- ☐ 처벌하다
- ☐ 제한

대화

- ☐ 돌파하다
- ☐ 일부러
- ☐ 여우 주연상

종합 연습

- ☐ 차다
- ☐ 장르
- ☐ 추리
- ☐ 제작비
- ☐ 완성도

unit 2
인터넷과 생활

목표 문형

- –길래
- –(으)ㄴ/는 셈이다
- –(으)ㄹ 겸

Track 2-01

나타샤 씨 아까 택배 왔던데요.

네, 고기랑 과일을 인터넷에서 싸게 팔길래 주문했거든요.

아무리 싸도 그런 신선 식품은 이상이 없는지 직접 확인을 하고 사는 게 낫지 않아요?

이상이 있으면 무료로 교환이나 반품이 되니까 괜찮아요. 정가에서 20% 할인에 사은품까지 받았으니까 진짜 싸게 산 셈이에요.

그래도 저는 물건을 직접 보고 사야 안심이 돼요. 새로운 정보도 얻을 겸 스트레스도 풀 겸 쇼핑하는 게 재미있고요.

물론 직접 가서 사는 것도 좋지만 요즘처럼 회사 일로 정신없을 때는 거의 모든 것을 인터넷으로 해결해요. 무엇보다 시간을 아낄 수 있다는 장점이 있잖아요.

근데 요즘 개인 정보 유출이나 허위 광고 때문에 피해를 당하는 사람들이 종종 있잖아요. 그래서 저는 인터넷으로 그냥 이메일이나 정보 검색 정도만 해요.

무슨 일이든 일장일단이 있으니까요. 전 인터넷이 없는 생활은 정말 상상하기도 싫거든요.

1 다음은 누구의 의견입니까?

	나타샤	호세
1) 물건을 살 때는 눈으로 직접 확인해야 한다.		
2) 인터넷이 없는 생활은 상상할 수 없을 정도이다.		
3) 인터넷으로는 이메일이나 정보 검색 정도만 한다.		

2 여러분은 누구의 의견에 동의합니까? 그 이유는 무엇입니까?

어휘 및 표현

정가   허위 광고   일장일단

어휘

1 다음은 이메일과 관련된 단어입니다. 다음 설명에 알맞은 단어를 보기 에서 골라 쓰세요.

보기

보낸 편지함   받은 편지함   스팸 편지함   수신 확인

삭제   첨부 파일   답장   전달   휴지통

1) 다른 사람이 나에게 보낸 이메일을 볼 수 있는 곳:

2) 내가 다른 사람에게 보낸 이메일을 볼 수 있는 곳:

3) 광고나 모르는 사람이 보낸 이메일이 저장되는 곳:

4) 이메일을 지우는 것:

5) 버린 편지가 저장되는 곳:

6) 이메일과 함께 보내는 사진이나 문서 파일:

7) 내가 보낸 이메일을 읽었는지 확인하는 것:

8) 내가 받은 편지를 다른 사람에게 보내는 것:

9) 이메일을 받은 후 그에 대해 대답하는 것:

2 다음은 인터넷 사용과 관련된 표현입니다. [보기]에서 알맞은 표현을 골라 문장을 완성하세요.

인터넷에 접속하다 인터넷이 끊기다 인터넷이 연결되다	SNS 계정을 만들다 SNS를 방문하다 / SNS에 들어가다
파일(글/사진)을 다운로드하다 파일(글/사진)을 올리다 / 업로드하다	회원 가입을 하다 탈퇴하다
바이러스에 감염되다 / 걸리다 바이러스를 치료하다	로그인하다 로그아웃하다 댓글을 달다

1) 바쁜 현대인들은 인터넷으로 여러 가지 일을 해결합니다. 인터넷으로 쇼핑을 하거나 은행 업무도 보고 친구와 연락하기도 하는데 보통 이런 서비스를 이용하려면 각 사이트에 ＿＿＿＿＿＿ 아/어야 합니다.

2) 2000년대 초반까지만 해도 ＿＿＿＿＿＿ (으)려면 전화선을 이용했기 때문에 속도도 느렸고 자주 ＿＿＿＿＿＿ 아/어서 불편했다.

3) 한 사이트에서 파일을 ＿＿＿＿＿＿ 후로 이상하게 컴퓨터가 느려지더니 이제는 가끔 갑자기 꺼지기도 한다. 아무래도 ＿＿＿＿＿＿ 것 같다.

4) 외국으로 유학을 간 친구가 잘 지내는지 궁금해서 친구의 SNS에 ＿＿＿＿＿＿. 친구는 여행을 좋아하는데 여행을 가서 찍은 사진이나 여행지에 대한 정보를 많이 ＿＿＿＿＿＿ 아/어서 그걸 보다 보니 시간 가는 줄 모를 정도로 재미있었다. 나뿐만 아니라 다른 사람들도 그렇게 생각했는지 칭찬하는 ＿＿＿＿＿＿ 이/가 많이 달려 있었다.

문형 연습 1

동사/형용사 + **-길래** 명사 + **-(이)길래**

가: 무슨 영상이길래 그렇게 열심히 봐요?
나: 친구가 재미있는 영상을 올렸길래 보고 있어요.

-길래

앉다	앉길래	필요하다	필요하길래

-(이)길래

세일	세일이길래	무료	무료길래

-았/었/했길래

가다	갔길래	먹다	먹었길래	하다	했길래

STEP 1 알맞은 단어를 골라 와 같이 쓰세요.

덥다 잘하다 세일 좋다 나다 보이다

가: 어? 오늘 등산 간다고 하지 않았어요?
나: 날씨가 너무 덥길래 약속을 취소했어요.

1) 계속 기침이 _____ 약을 먹고 일찍 잤다.

2) 친구가 스페인어를 _____ 가르쳐 달라고 했어요.

3) 맛있어 _____ 너 주려고 사 왔어. 한번 먹어 봐.

4) 백화점에 갔는데 _____ 옷을 한 벌 샀어요.

5) 미영 씨가 요리 솜씨가 _____ 집들이 때 도와달라고 했어요.

'-길래'를 사용할 수 있는 문장에는 O, 사용할 수 없는 문장에는 X를 하고 자연스러운 표현으로 고치세요.

보기
① 비가 오길래 창문을 닫았어요. (O)
② 비가 오길래 창문을 닫아 주세요. (X) → 오니까

1) ① 약속 시간에 늦었길래 택시를 탔어요. (   )
   ② 약속 시간에 늦었길래 택시를 탑시다. (   )

2) ① 텔레비전을 켜길래 시끄럽다. (   )
   ② 텔레비전이 시끄럽길래 꺼 버렸다. (   )

3) ① 친구가 학교에 간다길래 나도 따라갔어요. (   )
   ② 친구가 학교에 간다길래 민수 씨도 따라갔어요. (   )

4) ① 철수가 너무 많이 먹길래 못 먹게 했어요. (   )
   ② 철수가 너무 많이 먹길래 민호가 못 먹게 했어요. (   )

5) ① 날씨가 춥길래 감기에 걸렸어요. (   )
   ② 날씨가 춥길래 두꺼운 옷을 꺼내 입었어요. (   )

6) ① 현금이 없길래 그걸 살 수 없었어요. (   )
   ② 현금이 없길래 돈을 좀 뽑아 왔어요. (   )

친구과 이야기하세요.

새 옷인가 봐요.
예쁘네요.

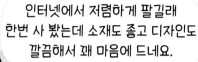

인터넷에서 저렴하게 팔길래
한번 사 봤는데 소재도 좋고 디자인도
깔끔해서 꽤 마음에 드네요.

새 옷인가 봐요.
예쁘네요.

버스로 오면 더 편한데
왜 지하철을 타셨어요?

어제 저녁에 전화했는데
왜 안 받았어요?

술을 끊는다더니
왜 또 마셨어요?

운동을
시작했나 봐요?

웬 택배가
이렇게 많이 왔어요?

왜 그 식당에
안 가요?

주말 약속을
왜 취소했어요?

동사 + -(으)ㄴ/는 셈이다
형용사 + -(으)ㄴ 셈이다　　명사 + -인 셈이다

김밥
가격 4,000원
배달비 5,000원

가: 배고파서 김밥이나 시켜 먹을까 했는데 배달비가 5,000원이래요.
나: 진짜요? 배보다 배꼽이 더 큰 셈이네요.

	-(으)ㄴ 셈이다	-는 셈이다
먹다	먹은 셈이다	먹는 셈이다

	-(으)ㄴ 셈이다		-인 셈이다
크다	큰 셈이다	선배	선배인 셈이다

 다음 글의 내용과 같은 것을 고르세요.

보기
이번 달부터 매일 한 시간 30분씩 온라인으로 프랑스어 수업을 듣기로 했다. 오늘 첫 수업이 있었는데 인터넷이 끊겨서 30분 동안 거의 수업을 못 했다.
① 수업 시간의 3분의 1을 낭비한 셈이다.
② 제대로 90분 수업을 들은 셈이다.

1) 정부가 수출 가격 경쟁력을 높인다는 이유로 대기업에 전기 요금 할인 혜택을 주면서 지난 3년간 3조 원이 넘는 손실이 발생했다. 반면 중소기업이 내야 하는 전기 요금은 지난 3년간 매년 20% 정도 인상됐다.

① 대기업이 손해를 본 셈이다.
② 중소기업이 대기업의 전기 요금을 대신 낸 셈이다.

2) 국내 100개 기업 직장인 4만여 명을 대상으로 조사한 자료에 따르면 일주일 평균 2.4일에 한 번 야근을 했다고 한다. 야근 없이 8시간 근무할 경우 실제로 일에 집중하는 시간은 5.22시간이었으나, 2시간 야근으로 10시간을 일할 경우 실제 집중 시간은 4.95시간이었다고 한다.

① 야근을 하면 일의 효율이 떨어지는 셈이다.
② 야근을 하면 집중력이 높아지는 셈이다.

3) 맞벌이 가구의 월 평균 소득은 770만 원으로 485만 원인 외벌이에 비해 많았다. 월 평균 가계 지출은 맞벌이는 월 510만 원, 외벌이는 375만 원이었다.

① 맞벌이를 하면 외벌이에 비해 돈을 두 배 더 버는 셈이다.

② 맞벌이를 하면 돈을 번 만큼 더 지출이 많아 결국 외벌이와 비슷한 셈이다.

 와 같이 대화를 완성하세요.

보기

가: 출장을 자주 가세요?

나: 네, 1년 동안 12번 갔으니까 한 달에 한 번 정도 출장을 가는 셈이에요.

1) 가: 와! 구두가 참 예쁜데요! 발도 편해 보이고요.

나: 그렇죠? 15만 원인데 사은품으로 만 원짜리 상품권도 주더라고요.

그러니까   .

2) 가: 저축을 많이 하세요?

나: 작년에 180만 원 정도를 저축했으니까   .

3) 가: 조카들을 어릴 때부터 혼자 돌봐 오셨다면서요?

나: 네, 초등학교에 가기 전부터 제가 키웠으니   .

4) 가: 한국에 오래 살았어?

나: 응, 열 살 때 이민을 왔는데 지금 내가 서른 살이니까   .

5) 가: 유기 동물 보호 센터에서 봉사활동을 한다며? 나도 관심은 있는데 시간이 없어서 망설이고 있어.

나: 언제든지 시간 될 때 편하게 와서 도와주면 돼. 나도 지난달 초에 한 번 갔고 이번 달 말에도 한 번 갔으니까   .

6) 가: 와! 벌써 12월이네요.

나: 그러게요. 이제 올해도   .

1) 스마트폰 사용 기록을 봤더니 이번 주는 30시간, 지난주는 29시간이었어요.

2) 지난주에 오렌지 두 개를 3천 원에 팔길래 사서 잘 먹었는데, 이번 주에 산 오렌지는 여섯 개에 3천 원이었지만 세 개가 이미 상해 있어서 버려야 했어요.

3) 이번 학기에 등록금을 500만 원 냈는데 성적 장학생으로 뽑혀서 450만 원을 받게 되었어요.

4) 매주 건강 앱으로 걸음 수를 체크하고 있는데 저는 일주일에 3만 5천 걸음 정도를 걷고 있고, 그걸 거리로 나타내면 15km 정도더라고요.

동사 + -(으)ㄹ 겸 명사 + -겸

가: 이번 연휴에 템플스테이하러 간다면서요?
나: 네, 한국의 절도 체험할 겸 조용한 곳에서 생각 정리도 할 겸 가 보려고요.

-(으)ㄹ 겸			
쌓다	쌓을 겸	이야기하다	이야기할 겸

-겸			
가수	가수 겸	연습	연습 겸

STEP 1 보기 와 같이 연결하고 쓰세요.

보기 식사도 하다 / 사업 이야기도 하다 •   • 일찍 일어나다.

1) 돈도 벌다 / 전공도 살리다 •   • 노래방에 가다.

2) 운동도 하다 / 아침 공부도 하다 •   • 식당에서 만나다.

3) 노래도 부르다 / 스트레스도 풀다 •   • 인사동에 가다.

4) 쇼핑하다 / 산책하다 •   • 꽃집을 차리다.

보기 식사도 할 겸 사업 이야기도 할 겸 해서 식당에서 만났어요.

1) _____

2) _____

3) _____

4) _____

보기 와 같이 대화를 완성하세요.

> **보기**
>
> 가: 저 사람 요즘 방송에 자주 나오던데요.
> 나: 네, 요즘 인기 있는 가수 겸 배우예요.

1) 가: 손재주가 정말 좋으시네요. 이 테이블도 직접 만드신 거예요?

   나: 네, 여기서 밥도 먹고 공부도 하고 _____ (으)로 써요.

2) 가: 토요일에 만나기로 한 거 안 잊어버렸죠? 몇 시에 볼까요?

   나: 11시쯤 만나서 _____ 먹는 게 어때요?

3) 가: 요즘 아르바이트 시작하셨다면서요?

   나: 네, _____ 시작하게 됐어요.

4) 가: 백화점에 가려고요?

   나: 네, _____ 갈까 하는데 같이 갈래요?

STEP 3 여러분이 지금까지 가 본 곳이나 가 보고 싶은 곳에 대해 이야기해 보세요.

여행을 좋아하신다고 들었는데 작년에는 어디에 다녀오셨어요?

맛있는 프랑스 음식도 먹을 겸 박물관도 구경할 겸 파리에 다녀왔는데 정말 인상 깊었어요.

1 스티브 잡스에 대해 조사해서 발표해 봅시다.

출생, 사망: 1955년 2월 24일(미국 샌프란시스코)
    ~ 2011년 10월 5일

어린 시절:

학력:

업적:

기타:

2 자신이 자주 사용하는 애플리케이션이나 인터넷 서비스를 소개해 봅시다.

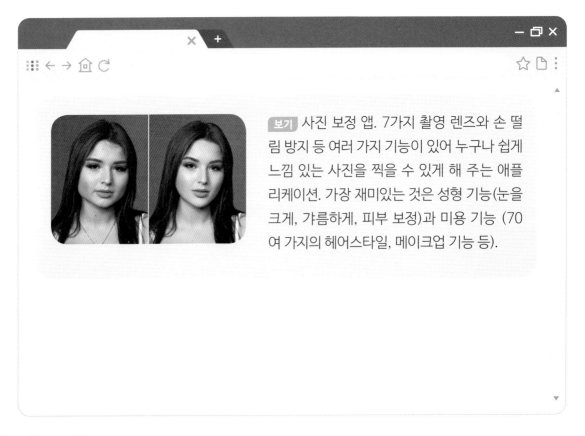

보기 사진 보정 앱. 7가지 촬영 렌즈와 손 떨림 방지 등 여러 가지 기능이 있어 누구나 쉽게 느낌 있는 사진을 찍을 수 있게 해 주는 애플리케이션. 가장 재미있는 것은 성형 기능(눈을 크게, 갸름하게, 피부 보정)과 미용 기능 (70여 가지의 헤어스타일, 메이크업 기능 등).

Steve Jobs
1955-2011

　2011년, 56세의 젊은 나이로 세상을 떠난 스티브 잡스는 뛰어난 창의력과 그것을 현실로 만든 혁신적인 기술로 전 세계 사람들의 삶의 방식에 큰 영향을 주었다. 미혼모의 아들로 태어나 입양 가정에서 자랐으며, 한 학기 만에 대학을 중퇴하고 애플을 창업했지만 직원들과의 갈등으로 인해 쫓겨나게 되는 등 파란만장한 삶을 살았다. 그러나 여러 고난 속에서도 포기하지 않고 세계 최초의 개인용 컴퓨터를 개발하고 아이팟, 아이폰, 아이패드 등 다양한 디지털 기기를 만들어 내며 디지털 시대의 새로운 모습을 제시해 21세기 IT 산업의 아이콘이 되었다.

　그는 스탠퍼드 대학 졸업식 때 자신이 살아온 삶에 대한 연설을 해서 많은 사람들에게 감동을 주었는데, 인생을 살아가면서 만났던 위기가 오히려 큰 기회가 되었다는 내용이었다. 대학을 자퇴하고 들었던 수업에서 아이디어를 얻어 매킨토시에 새로운 기능을 추가할 수 있었고, 애플사로부터 쫓겨난 후에 오히려 성공에 대한 스트레스에서 벗어날 수 있었기 때문에 창의력을 발휘하여 현재 맥 컴퓨터의 시작이 된 NeXT라는 회사를 세웠으며 애니메이션 회사인 픽사를 인수하게 되었다는 것이다.

　그가 세상을 떠난 후에도 많은 사람들은 그를 기억하고 있다. 그 이유는 그가 엄청나게 성공한 사람이라서가 아니라 위기를 극복하고 자유로우면서도 창조적인 삶을 살아간 사람이기 때문일 것이다. 그는 탁월한 창의력으로 여러 디지털 기기를 만들어 냈고, 그가 만든 디지털 기기들은 대중들의 삶까지도 자유롭고 창의적인 모습으로 바꾸었다. 즉, 스티브 잡스는 '디지털 노마드'들에게 큰 영향을 주어 '디지털 노마드'의 모습을 완성한 사

람이라고 할 수 있다. 노마드(nomad)란 '유목민, 정착하지 않고 떠돌아다니는 사람'이라는 뜻으로 '디지털 노마드'는 정보 기술의 발달로 등장한 21세기형 신인류를 말한다. 디지털 노마드는 휴대폰, 노트북, 디지털 카메라 등을 활용하여 시간과 공간에 관계없이 인터넷에 접속해 다양한 정보를 얻고 의사소통을 하며 필요한 일을 하는 사람들이다. 2019년 1,100만 명 정도로 집계되었던 디지털 노마드는 팬데믹을 겪으며 3배 이상 증가한 3, 500만 명이 되었고, 2035년에는 10억 명까지 증가할 것으로 보인다.

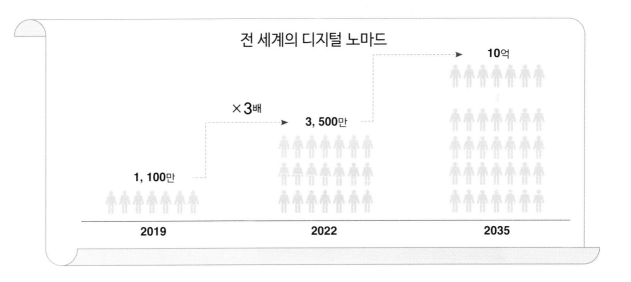

전 세계의 디지털 노마드

1,100만
2019

×3배
3,500만
2022

10억
2035

　디지털 노마드들은 정보 기술을 그저 이용만 하는 차원에 머무르지 않고, 스스로 새로운 기술을 창조해 간다는 특징이 있다. 그들은 스마트폰을 사용하다가 스스로 새로운 애플리케이션을 개발하기도 하고, 자신이 만든 애플리케이션을 무료로 다른 이들과 공유하기도 한다. 자유롭고 창의적으로, 언제 어디에서나 전 세계 사람들과 교류하며 어울려 살 수 있는 디지털 노마드의 삶의 방식은 인간 관계나 의사소통의 갈등이 심각한 요즘 현대 사회의 문제를 극복하는 좋은 해결책이 될 수 있지 않을까?

1 '디지털 노마드'의 의미는 무엇입니까?

2 읽은 내용과 같으면 ○, 다르면 X에 ∨ 하세요.

1)	스티브 잡스는 살아가면서 많은 위기를 겪었다.	O	X
2)	스티브 잡스는 애플사에서 일할 당시 픽사를 인수했다.	O	X
3)	디지털 노마드는 자신이 필요한 기술을 스스로 만들어 내기도 한다.	O	X
4)	전 세계 사람들과 교류하며 살고 있는 디지털 노마드의 모습은 현대 사회의 문제를 해결하는 방법이 될 수도 있다.	O	X

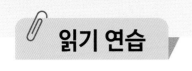

읽기 연습

1 다음 단어에 대한 알맞은 설명을 골라 연결하세요.

1) 중퇴 •   • 사업을 새롭게 시작함

2) 창업 •   • 학업을 중단함

3) 개발 •   • 한 곳에 머물러 삶

4) 정착 •   • 새로운 아이디어를 내거나 물건을 만듦

2 비슷한 표현끼리 연결하세요.

1) 스트레스에서 벗어나다 •   • 부담에서 자유로워지다

2) 창의력을 발휘하다 •   • 새로운 것을 만들어 내는 능력을 마음껏 보여주다

3) 세상을 떠나다 •   • 어려운 시기를 이겨내다

4) 위기를 극복하다 •   • 죽다

3 다음은 스티브 잡스에 대한 글입니다. 보기 에서 알맞은 단어를 골라 문장을 완성하세요.

보기

위기   공유   가상 공간   중퇴   창업

    스티브 잡스는 대학에 입학했지만 양부모님께 경제적으로 부담을 드리는 것이 싫어 한 학기 만에 1)＿＿＿＿＿＿＿＿＿＿＿＿ 했고, 애플을 2)＿＿＿＿＿＿＿＿＿＿＿＿ 했지만 결국 그 회사에서 쫓겨나는 힘든 삶을 살았다. 이렇게 많은 인생의 3)＿＿＿＿＿＿＿＿＿＿＿＿ 을/를 겪었지만 끊임없는 도전으로 디지털 노마드의 삶의 방식에 큰 영향을 주었다. 디지털 노마드는 단순히 정보를 검색하거나 이용하는 것에만 그치지 않고 새로운 애플리케이션을 만들어 다른 사람들과 4)＿＿＿＿＿＿＿＿＿＿＿＿ 하며 또 다른 발전을 이룬다. 스마트폰을 사용하면서 현실과 5)＿＿＿＿＿＿＿＿＿＿＿＿ 을/를 구분하지 못하거나 인간관계에 문제가 생길 거라고 걱정하는 사람들이 많다. 그러나 디지털 노마드는 디지털 기술을 이용하여 세상 속에서 모두와 함께 사는 새로운 길을 만들어 가고 있다.

Track 2-02

1 스마트폰 중독 테스트의 10개 문항을 완성하고 현재 나의 상황을 체크해 보세요.

스마트폰이 없으면 답답하고 짜증이 나거나 불안하다.	1	2	3	4	5
기상 시간, 취침 시간에 스마트폰을 사용한다.	1	2	3	4	5
스마트폰을 1) _____ 지적을 받은 적이 있다.	1	2	3	4	5
2) _____ 에서 스마트폰을 사용한다.	1	2	3	4	5
스마트폰 때문에 시력이 나빠지거나 어깨가 결리는 등 건강에 문제가 생긴 적이 있다.	1	2	3	4	5
스마트폰 이용 때문에 친구 혹은 동료, 사회적 관계에서 3) _____ 을/를 겪은 적이 있다.	1	2	3	4	5
스마트폰 사용 시간을 4) _____ 했지만 실패한 적이 있다.	1	2	3	4	5
스마트폰을 하면서 다른 활동에 대한 5) _____ 이/가 감소했다.	1	2	3	4	5
스마트폰 때문에 학업, 업무 등 역할 수행에 어려움이 생긴 적이 있다.	1	2	3	4	5
6) ' _____ '하면서도 계속 스마트폰을 보게 된다.	1	2	3	4	5

2 테스트 결과 몇 점 이상은 전문가의 상담이 필요하다고 합니까?

1 다음은 한 학생의 이야기입니다. 이 학생이 중독 문제를 극복할 수 있도록 함께 규칙을 만들어 봅시다.

"전에는 매일 스마트폰으로 3시간 정도 게임을 했는데, 이제는 부모님이 게임을 못하게 하셔서 사흘에 한 번 정도 부모님 몰래 PC방에 가요. 게임을 못하는 날은 짜증이 나고 작은 일에도 쉽게 화가 나요."

<스마트폰 중독 예방을 위한 행동 규칙>

1)

2)

3)

2 아래 기사를 읽고 여러분 나라에서 인터넷과 스마트폰 사용으로 생긴 문제는 무엇이 있는지 써 보세요.

최근 디지털 노마드는 가상공간에서 공격을 받고 있다. 최초의 유목민이 수렵과 채집을 하면서 수많은 동물의 공격을 받았던 것과 마찬가지다. 최초의 유목민에게 자연 환경이 위협이 된 것처럼 디지털 노마드에게는 인터넷 네트워크가 위협이 된다. 인터넷 사용 초기에는 해킹과 스팸 메일이 디지털 노마드를 공격했는데 최근에는 개인 정보 유출과 악플이 큰 문제가 되고 있다.

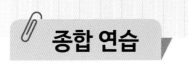

종합 연습

1 알맞은 단어를 보기 에서 찾아 쓰세요.

보기

택배　　　반품　　　사은품　　　개인 정보 유출　　　허위 광고

1) _____

의미: 우편물, 짐, 상품 등을 고객이 원하는 장소까지 직접 배달해 주는 일.

예) 그 백화점은 고객이 원하는 시간과 장소에 무료로 상품을 배송해 주는 _____ 서비스를 하고 있다.

2) _____

의미: 산 물품을 돌려보내는 것. 또는 그런 물건.

예) 어제 산 옷이 마음에 안 들어서 _____ 했어요.

3) _____

의미: 이름, 생년월일, 주소, 전화번호 등과 같은 중요한 정보가 불법적으로 빠져 나가는 것.

예) 가: 국내 주요 은행이 해킹을 당했다는 뉴스 보셨어요?

나: 네, _____ (으)로 피해를 입은 고객들에게 300만 원씩 주기로 했다는데 그걸로 해결이 될까요?

4) _____

의미: 상품이나 서비스에 대한 거짓 정보를 여러 가지 매체를 통하여 알리는 것.

예) 3일 만에 10Kg을 뺄 수 있게 해 준다는 _____ 을/를 한 다이어트약 회사가 1억 원의 벌금을 내게 되었다.

5) _____

의미: 고객들에게 감사하는 의미로 주는 선물.

예) 저희 OO 백화점에서는 10만 원 이상 구매하신 고객들께 _____ (으)로 세탁용 세제를 드리고 있습니다.

2 보기에서 알맞은 표현을 골라 문장을 완성하세요.

보기

-길래 -(으)ㄴ/는 셈이다 -(으)ㄹ 겸

스마트 기기 안심이 되다 탈퇴하다 회원 가입

가 민수 씨! 무슨 중요한 일이 1) _____ 아까부터 계속 스마트폰만 보고 있어요?

나 특별히 무슨 일이 있는 건 아니고요, 그냥 뉴스도 좀 확인하고 SNS에 올라온 친구들 사진에 2) _____ 보고 있었어요.

가 저는 민수 씨가 무슨 중요한 연락을 기다리고 있는 줄 알았어요.

나 하하, 아니에요. 요즘은 특별한 일이 없을 때도 스마트폰을 놓지 못할 때가 많아요. 스마트폰이 가까이에 있어야 3) _____.

가 저도 그랬는데 얼마 전에 '4) _____ 없이 살아 보기'라는 책을 읽고 생각이 좀 바뀌었어요. 핸드폰, 노트북 등을 사용하지 않고 살아 본 후에 느낀 점을 쓴 책이었는데 아주 인상 깊었어요.

나 근데 현실적으로 스마트폰이나 인터넷 없이 살기는 어렵잖아요.

가 아예 안 할 수는 없지만 쓸데없이 사용하는 시간을 좀 줄여 보려고 노력 중이에요. 얼마 전에는 잘 사용하지도 않으면서 5) _____ 만 해 놓은 사이트가 많길래 다 6) _____ 버렸어요.

나 와! 대단한데요. 저는 TV나 컴퓨터 없이는 살 수 있어도 스마트폰은 포기 못 할 것 같아요. 스마트폰이 저에게는 7) _____.

스마트폰 이용 시간

*전체 **4.6**시간

5.2 시간 고위험군

5.0 시간 잠재적 위험

4.5 시간 일반 사용자

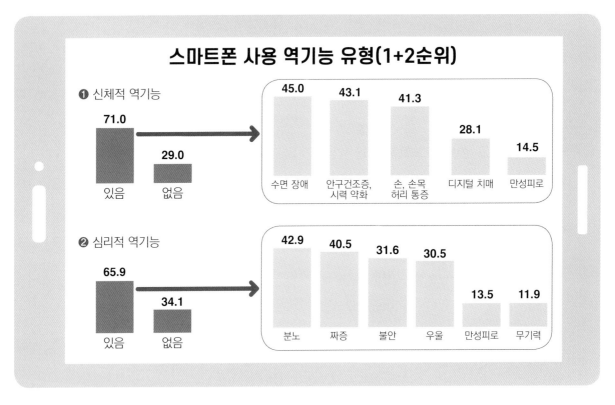

스마트폰 사용 역기능 유형(1+2순위)

❶ 신체적 역기능

71.0 있음
29.0 없음

45.0 수면 장애
43.1 안구건조증, 시력 약화
41.3 손, 손목 허리 통증
28.1 디지털 치매
14.5 만성피로

❷ 심리적 역기능

65.9 있음
34.1 없음

42.9 분노
40.5 짜증
31.6 불안
30.5 우울
13.5 만성피로
11.9 무기력

어휘

- ☐ 편지함
- ☐ 스팸
- ☐ 수신
- ☐ 삭제
- ☐ 답장
- ☐ 저장
- ☐ 문서
- ☐ 접속하다
- ☐ 퍼가다
- ☐ 다운로드하다
- ☐ 업로드하다
- ☐ 바이러스
- ☐ 감염되다
- ☐ 계정
- ☐ 방문하다
- ☐ 로그인하다
- ☐ 로그아웃하다
- ☐ 탈퇴하다
- ☐ 초반

문형 연습

- ☐ 경쟁력
- ☐ 조
- ☐ 손실
- ☐ 반면(에)
- ☐ 인상되다
- ☐ -에 따르면
- ☐ 효율
- ☐ 소득
- ☐ 외벌이
- ☐ 가계
- ☐ 지출
- ☐ 상품권
- ☐ 등록금
- ☐ 장학생
- ☐ 템플스테이
- ☐ 차리다

말하기

- ☐ 학력
- ☐ 업적
- ☐ 애플리케이션
- ☐ 보정
- ☐ 방지
- ☐ 갸름하다

읽기

- ☐ 혁신
- ☐ (으)로 인하다
- ☐ 파란만장
- ☐ 강렬하다
- ☐ 미혼모
- ☐ 입양
- ☐ 중퇴
- ☐ 창업
- ☐ 쫓겨나다
- ☐ 고난
- ☐ 세기
- ☐ 아이콘
- ☐ 연설
- ☐ 위기
- ☐ 자퇴
- ☐ 인수하다
- ☐ 탁월하다
- ☐ 유목민
- ☐ 정착
- ☐ 떠돌아다니다
- ☐ 신인류
- ☐ 집계
- ☐ 팬데믹
- ☐ 차원
- ☐ 어울리다
- ☐ 해결책

읽기 연습

- ☐ 학업
- ☐ 중단
- ☐ 마음껏

- ☐ 이겨내다
- ☐ 잘리다
- ☐ 가상 공간
- ☐ 양부모님
- ☐ 감소

듣기

- ☐ 기상
- ☐ 취침
- ☐ 지적
- ☐ 걸리다
- ☐ 수행
- ☐ 문항
- ☐ 합

쓰기

- ☐ 사흘
- ☐ 몰래
- ☐ 수렵
- ☐ 채집
- ☐ 위협
- ☐ 해킹
- ☐ 유출
- ☐ 악플

대화

- ☐ 정가
- ☐ 허위 광고
- ☐ 일장일단

종합 연습

- ☐ 우편물
- ☐ 배송
- ☐ 물품
- ☐ 생년월일
- ☐ 불법
- ☐ 빠져나가다
- ☐ 매체
- ☐ 벌금
- ☐ 쓸데없이

unit 3
건강

- –더라도
- –기는커녕
- –(으)ㄴ/는 셈 치다

Track 3-01

쑤언 씨, 요즘 얼굴이 좋아졌어요.

네, 매일 아침에 한강에서 달리기를 하고 있거든요. 얼마 전부터 살도 많이 찌고, 너무 쉽게 피로해져서 시작했는데, 달리기를 하니까 건강은 물론이고 마음도 편안해지던데요. 다나카 씨도 운동하세요?

저는 운동은커녕 조금 걷는 것도 귀찮아해요. 요즘 회사 일로 정신없이 바쁘기도 하고요.

바쁘더라도 건강 관리를 해야죠. 건강은 건강할 때 지키라는 말도 있잖아요. 그러지 말고 내일부터 저랑 달리기해요. 일주일만 하면 진짜 달라진다니까요. 속는 셈 치고 한번 해 봐요.

정말 일주일만 하면 달라져요? 요즘 체력이 많이 떨어진 느낌이 들어서 뭔가 하긴 해야 할 것 같은데 워낙 운동을 안 해서 잘 할 수 있을지 모르겠어요.

처음엔 조금 힘들더라도 차차 적응하게 될 거예요. 너무 힘들면 빠르게 걷기부터 시작해도 돼요.

좋아요. 내일부터 같이 해요. 이번엔 작심삼일이 되지 않도록 쑤언 씨가 옆에서 도와주세요.

1 쑤언은 요즘 무슨 운동을 시작했습니까?

2 다나카는 평소에 운동을 한다고 했습니까?

2 쑤언은 다나카에게 뭐라고 조언을 했습니까?

어휘 및 표현

체력　　　차차

1 보기 에서 알맞은 단어를 골라 쓰세요.

보기

| 면역력   안색   위생   장수   호흡   혈압 |

1) 얼굴빛:
   - 그녀는 어디가 아픈지 _____ 이/가 창백하다.
   - 사장님과 이야기를 하고 자리로 돌아온 김 대리의 _____ 이/가 밝지 않다.

2) 몸에 나쁜 병균, 바이러스를 견디거나 이길 수 있는 힘:
   - 나는 _____ 이/가 좋아서 추운 겨울에도 감기에 걸리는 일이 거의 없다.
   - 몸이 약하면 _____ 도 같이 약해지니까 평소에 운동을 하고 건강에 좋은 음식을 골라 먹어야 해요.

3) 오래 사는 것:
   - 옛날부터 _____ 마을로 유명한 이곳은 바다가 바로 옆에 있어 생선을 많이 먹는 것이 건강의 비결이라고 합니다.
   - 건강하게 _____ 하는 것이 모든 사람들의 바람이겠죠.

4) 피가 흐르는 혈관 내에 생기는 압력:
   - 할아버지께서는 _____ 이/가 높아서 충격을 받지 않도록 늘 조심하신다.
   - 병원에서 _____ 을/를 쟀는데 저혈압이라서 빈혈이 생기기 쉬우니까 조심하라고 했다.

5) 건강에 좋은 조건을 만드는 일:
   - 소비 기한이 지난 재료를 쓴다거나 조리 도구를 깨끗하게 관리하지 않는 등 _____ 상태가 좋지 않은 식당들에 대해 영업 정지를 시켰다.
   - 감기에 걸리지 않으려면 무엇보다 _____ 관리가 중요합니다. 외출했다가 돌아와서 손을 비누로 깨끗이 씻는 것만으로도 감기를 예방할 수 있습니다.

6) 숨을 쉬는 것:
   - 그의 모습을 보자 나는 _____ 이/가 멈추는 듯했다.
   - 산소가 부족하면 머리가 어지럽고 아프며 _____ 하기 힘들어진다.

2 보기와 같이 빈칸에 1번에서 공부한 단어를 넣어 질문을 완성한 후 현재 건강 상태에 대해 이야기해 봅시다.

> 보기
>
> 요즘 <u>안색</u>이 안 좋아졌다는 말을 들은 적이 있습니까?

1) 계단을 오르거나 빨리 걸을 때 ＿＿＿＿＿＿＿＿ 하기 힘들 때가 있습니까?

➡ ＿＿＿＿＿＿＿＿＿＿＿＿＿＿＿＿＿＿＿＿＿＿＿＿＿＿＿

2) 평소 ＿＿＿＿＿＿＿ 이/가 낮은 편입니까? 높은 편입니까?

➡ ＿＿＿＿＿＿＿＿＿＿＿＿＿＿＿＿＿＿＿＿＿＿＿＿＿＿＿

3) 감기나 다른 병에 대한 ＿＿＿＿＿＿＿ 이/가 강한 편입니까?

➡ ＿＿＿＿＿＿＿＿＿＿＿＿＿＿＿＿＿＿＿＿＿＿＿＿＿＿＿

4) 가족이나 친척들이 ＿＿＿＿＿＿＿ 한 편입니까?

➡ ＿＿＿＿＿＿＿＿＿＿＿＿＿＿＿＿＿＿＿＿＿＿＿＿＿＿＿

5) 평소 ＿＿＿＿＿＿＿ 에 대해 신경을 많이 쓰는 편입니까?

➡ ＿＿＿＿＿＿＿＿＿＿＿＿＿＿＿＿＿＿＿＿＿＿＿＿＿＿＿

6) 위의 질문에 대답한 결과 나의 건강 상태는 어떨 것 같습니까?

➡ ＿＿＿＿＿＿＿＿＿＿＿＿＿＿＿＿＿＿＿＿＿＿＿＿＿＿＿

동사/형용사 + **-더라도**　명사 + **-(이)더라도**

가: 오늘 비가 많이 올 것 같은데 운동 하루 쉬자.
나: 비가 **오더라도** 운동은 해야지.

-더라도

가다	가더라도	많다	많더라도	작심삼일	작심삼일이더라도

STEP 1　보기 와 같이 이어질 말을 골라 쓰세요.

보기

여유가 없다
① 전화 한 통 할 시간쯤이야 있겠죠. (　O　)　② 전화 한 통 할 시간도 없어요. (　　　)
➡ 여유가 없더라도 전화 한 통 할 시간쯤이야 있겠죠.

1) 사장님의 말이 맞다
　① 직원들의 의견을 물어보지도 않고 결정하기는 어렵겠지요. (　　　)
　② 직원들이 반대해도 해야 해요. (　　　)

2) 너무 피곤해서 하루 쉬고 싶다
　① 약속을 당일에 취소해도 돼요. (　　　)
　② 약속을 당일에 취소하면 안 돼요. (　　　)

3) 지금 좀 힘들다
　① 미래를 위해 열심히 일해야 해요. (　　　)
　② 앞으로 더 힘들 거예요. (　　　)

4) 건강하다
　① 날마다 야근을 하면 결국 건강이 나빠질 거예요. (　　　)
　② 조금씩 쉬어가면서 하면 괜찮을 거예요. (　　　)

STEP 2 보기 와 같이 대화를 완성하세요.

보기

가: 어제는 너무 지쳐서 화장도 못 지우고 그냥 자 버렸어요.
나: 아무리 힘들더라도 세수는 하고 자야죠. 화장한 채로 자면 피부
에 얼마나 안 좋은데요. 베개나 이불에도 묻고요.

1) 가: 집을 보러 오는 사람은 많은데 자꾸 값을 깎아달라고 해서 못 팔고 있어요.

   나: _____ 사겠다는 사람이 있을 때 파세요. 앞으로 집값이 계속
   떨어진대요.

2) 가: 평소에 꾸준히 공부했으니까 월말 시험 공부는 따로 안 할래요.

   나: _____ 한 번쯤 복습은 하도록 하세요.

3) 가: 어떤 10대 소년이 아프신 어머니 약을 훔치다가 경찰에 잡혔대요.

   나: _____ 도둑질은 나쁜 거죠.

4) 가: 시간이 늦었으니 남은 일은 내일하고 그만 퇴근합시다.

   나: _____ 이 일은 반드시 끝내야 해요.

5) 가: 엄마, 우리 집 형편도 어려운데 저는 대학을 포기할래요.

   나: _____ 대학은 보내줄 테니까 걱정하지 마.

STEP 3 다음 상황에 맞게 친구와 이야기를 만드세요.

숙제가 어렵더라도 꼭 스스로
해 보세요. 자신의 노력만이 진짜
자신의 것이 되는 거니까요.

네, 힘들더라도 꼭 내일까지
해 오겠습니다.

1) 선생님이 숙제를 내면서 학생들
에게 당부하는 말씀

2) 메시지를 보내도 답장이 없는 친구
에게 확인 좀 하라고 하고 싶을 때

3) 아무에게나 반말을 하는 아이에게
주의를 주고 싶을 때

4) 며칠 집을 비우게 된 어머니가
아이들에게 당부하는 말씀

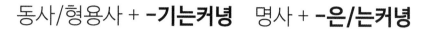

동사/형용사 + **-기는커녕**   명사 + **-은/는커녕**

가: 주말에 영화 보러 간다고 했죠? 재미있었어요?

나: 축제 때문에 도로가 통제되는 바람에 길이 막혀서 영화를 보기는
커녕 영화관 근처에도 못 갔어요.

-기는커녕			
하다	하기는커녕	먹다	먹기는커녕

-은/는커녕			
식사	식사는커녕	저축	저축은커녕

STEP 1 알맞은 표현을 골라 [보기] 와 같이 문장을 완성하세요.

[보기]

매일 운동하는데 살이 빠지지 않는다 / ㉮ 살이 더 쪘다

➡ 매일 운동하는데 살이 빠지기는커녕 더 쪘다.

㉮ 살이 더 찌다   ㉯ 팔을 올리지도 못 하다

㉰ 축하 인사조차 못 듣다   ㉱ 전화 통화도 못 하다

1) 친구들을 자주 못 만나다 /

➡ _____

2) 생일날 선물을 받지 못하다 /

➡ _____

3) 팔을 다쳐서 물건을 들지 못하다 /

➡ _____

STEP 2 〔보기〕와 같이 대화를 완성하세요.

〔보기〕
　　가: 일하신 지 오래됐는데 저축은 좀 하셨어요?
　　나: 저축은커녕 생활비도 모자라서 힘들어요.

1) 가: 시험 공부 많이 하셨어요?

　　나: _____

2) 가: 휴가는 즐겁게 보내셨어요?

　　나: _____

3) 가: 방학 동안 아르바이트했다면서요? 돈 많이 벌었어요?

　　나: _____

4) 가: 이 일은 이번 주 안에 마칠 수 있겠죠?

　　나: _____

5) 가: 어제 보니 감기가 심하던데 약 먹으니까 좀 어때요? 나아졌어요?

　　나: _____

6) 가: 유학을 간다더니 준비는 잘 돼요?

　　나: _____

7) 가: 하루 종일 바쁘신 것 같던데 저녁 식사는 하셨어요?

　　나: _____

STEP 3 특별한 날을 기대나 예상과는 다르게 보낸 적이 있나요?

 3년 전 크리스마스에 부모님 댁에 가서 파티를 하려고 했는데 눈이 너무 많이 와서 집에서 혼자 보내야 했어요. 케이크는커녕 밥도 제대로 못 먹고 그냥 일찍 잤어요.

동사 + -(으)ㄴ/는 셈 치다　명사 + -인 셈 치다

가: 친구한테 돈을 빌려줬다면서요?
나: 제가 힘들 때 많이 도와줬던 친구예요. 빌려준다기보다는 그냥
　　은혜를 갚은 셈 치려고요.

	-(으)ㄴ 셈 치다	-는 셈 치다
먹다	먹은 셈 치다	먹는 셈 치다

	-인 셈 치다		
남남	남남인 셈 치다	친구	친구인 셈 치다

STEP 1　보기 와 같이 알맞은 단어를 골라 이야기를 완성하세요.

간단히 요기하다　　생일 선물하다
산책하다　　다이어트를 하다　　사다

　　오늘은 모처럼의 휴일이라 친구를 만나러 광화문의 서점으로 갔다. 그런데 만나기로 한 친구가 전화해서는 잠깐 소파에 앉아서 쉬려다가 낮잠을 자 버렸다며 자기 집에서 가까운 동대문에서 만나면 안 되냐고 했다. 맞벌이를 하면서 육아까지 하는 친구라 많이 피곤했겠다 싶어서 보기 산책하는 셈 치고 청계천을 따라 동대문까지 걸어갔다. 동대문에 도착해서 전화했더니 친구의 아이가 갑자기 열이 나서 나올 수가 없다고 했다. 지난달에 친구의 생일이 있었는데 바빠서 못 만났기 때문에 1) ＿＿＿＿＿＿＿＿ 간단한 과일과 간식을 사서 친구 집 문 앞에 걸어 두었다. 점심도 못 먹고 많이 걸었더니 너무 피곤해서 길에서 2) ＿＿＿＿＿＿ 빵을 사서 맛있게 먹었다. 옆에 있는 로또 가게에서 로또도 한 장 샀다. 당첨되면 돈을 어디에 쓸까 생각하면서 집에 오는데 번호를 맞춰 보려고 하니까 로또가 없었다. 아쉽지만 그냥 안 3) ＿＿＿＿＿＿ 잊어버려야겠다. 씻고 나서 핸드폰을 보니 친구가 너무 미안하고 고맙다며 내가 좋아하는 치킨 쿠폰을 보내 줬다. 4) ＿＿＿＿＿＿ 저녁 안 먹고 자려고 했는데 치킨 사진을 보니까 입맛이 돌아서 못 참고 시켜서 맛있게 먹었다. 오늘 친구를 못 만나서 아쉽기는 했지만, 요즘 일이 너무 바빠서 회사와 집만 오갔는데 오랜만에 바깥 바람을 쐬니 기분이 무척 좋았다. 야식으로 좋아하는 치킨까지 먹었으니 나름대로 즐거운 휴일을 보낸 셈이다.

보기 와 같이 대화를 완성하세요.

보기

가: 엘리베이터 안 타요?

나: 오래 기다려야 할 것 같은데 그냥 계단으로 갑시다.

가: 그래요. 운동하는 셈 칩시다.

1) 가: 나는 사장님이 있으면 긴장돼서 말을 못 하겠어.

   나: 그럼 사장님이 ＿＿＿＿＿＿＿＿＿＿＿＿ 이야기 해.

2) 가: 오늘 저녁 식사를 대접하고 싶은데요.

   나: 죄송합니다. 오늘 좀 바빠서요. ＿＿＿＿＿＿＿＿＿＿＿＿＿.

3) 가: 친구가 계속 숙제를 가르쳐 달라고 해서 너무 귀찮아요.

   나: ＿＿＿＿＿＿＿＿＿＿＿ 가르쳐 주세요. 가르치면서 미나 씨도 공부가 될 거예요.

4) 가: 너 그 사람 진짜 다시는 안 만날 거야?

   나: 응. 이제는 그냥 ＿＿＿＿＿＿＿＿＿＿＿.

5) 가: 정말 이번에 투자하면 큰돈을 벌 수 있을까요?

   나: 그럼요, ＿＿＿＿＿＿＿＿＿ 제 말을 믿어 보세요.

STEP 3 한국 영화나 드라마에서 많이 나오는 이 표현은 무슨 뜻일까요? 친구와 이야기해 보세요.

속는 셈 치고 그냥 돈을 줬어.

그냥 액땜한 셈 치세요.

사람 하나 살리는 셈 치고
좀 도와주십시오.

그 돈은 그냥 떡 사 먹은 셈 치자.

자식 하나 없는 셈 치고 살겠다.

1 다음은 한국에서 흔히 이야기하는 건강 상식인데요, 맞을까요, 틀릴까요?

1)  물만 마셔도 살이 찌는 체질이 있다. (O, X)

2)  공복 운동이 더 효과적이다. (O, X)

3)  열이 많은 사람은 땀이 많이 나는 운동은 피하는 게 좋다.
(O, X)

4)  운동이 끝나자마자 바로 앉거나 누워서 쉬는 것은 좋지 않다.
(O, X)

5)  새벽보다 저녁 운동이 몸에 좋다. (O, X)

2 여러분이 알고 있는 건강 상식에는 어떤 것이 있습니까? 이야기해 봅시다.

사회자: 오늘은 OO 대학교 가정의학과 전문의 김영희 교수님을 모시고 건강에 대한 여러 가지 궁금증을 해소해 보도록 하겠습니다. 안녕하세요, 교수님?

교　수: 네, 안녕하십니까?

사회자: 우리가 잘못 알고 있는 건강 상식이 많다고 하던데요. 구체적으로 어떤 것들이 있을까요?

교　수: 요즘 방송에서 유명한 배우들이 몸매 관리를 위해 공복 운동을 열심히 하는 모습이 많이 나와서 많은 분들이 운동을 공복에 하는 것이 좋다고 생각하시는 것 같은데요. 그러나 배고픈 상태로 운동을 하면 운동 후에 폭식을 할 수 있으므로 주의해야 합니다. 또 식사를 한 후에는 적어도 두 시간 정도 지난 후에 운동을 하는 것이 좋습니다.

사회자: 아, 그렇군요. 또 다이어트를 할 때는 유산소 운동이 좋다는 말을 많이 하던데, 유산소 운동이 있으면 무산소 운동도 있습니까?

교　수: 그렇죠. 유산소 운동은 걷기, 달리기, 수영, 자전거 타기 등으로 심장 박동수를 높여 산소를 사용하여 지방을 연소시키는 운동을 말하고, 무산소 운동은 순간적으로 근육의 에너지를 사용하는 근력 운동으로 역도처럼 무거운 것을 들거나, 스쾃 자세에서 버티거나, 팔 굽혀 펴기, 턱걸이 등의 운동을 하는 것을 예로 들 수 있습니다. 어떤 운동이 더 좋다고 말할 수 없고 자신의 건강 상태에 따라 효과적인 운동이 따로 있는 것입니다.

사회자: 요즘 봄이라서 많은 분들이 춘곤증으로 고생하고 계시던데, 춘곤증을 이겨내기 위한 방법으로 어떤 것이 있을까요?

교　수: 춘곤증을 이기려면 비타민을 충분히 섭취하는 것이 중요합니다. 또 아침을 잘 챙겨 먹는 것이 도움이 됩니다. 뇌에 즉각적인 에너지를 공급할 수 있는 탄수화물이 풍부한 통곡물이나 과일을 섭취하면 피곤함을 덜 느끼실 거예요. 아까 이야기한 유산소 운동을 가볍게 하는 것도 도움이 됩니다.

사회자: 그렇군요. 점심 식사 후에 커피를 마셨다가 졸음을 쫓기는커녕 밤잠만 설쳤다는 분들도 많은데요.

교　수: 카페인이 몸 안에 들어오면 대략 8시간 정도 효과가 지속되기 때문입니다. 밤잠을 자주 설친다면 숙면을 위해 오후 3시 이후에는 커피를 드시지 않는 게 좋습니다. 만약 너무 졸려서 낮잠을 좀 자야겠다면 20분이 넘지 않게 짧은 낮잠을 자는 게 좋습니다. 다만 오후 3시 이후 낮잠은 밤잠에 영향을 줄 수 있어 피하는 게 좋습니다.

1 읽은 내용과 맞으면 O, 틀리면 X를 하고, _____ 에 알맞은 말을 쓰세요.

1) 공복 운동이 다이어트에 좋다. (O, X)

> 배고픈 상태로 운동을 하면 운동 후에 _____ 을/를 할 수 있으므로 주의해야 한다. 또 식사를 한 후에는 적어도 두 시간 정도 지난 후에 운동을 하는 것이 좋다.

2) 살을 빼고 싶다면 유산소 운동보다 무산소 운동이 더 좋다. (O, X)

> 어떤 운동이 더 좋다고 말할 수 없고, 자신의 _____ 에 따라 효과적인 운동이 따로 있는 것이다.

3) 오후 세 시 이후에는 커피를 안 마시는 것이 좋다. (O, X)

> 카페인이 몸 안에 들어오면 대략 8시간 정도 효과가 _____ 되기 때문이다. 낮잠 역시 밤잠에 영향을 줄 수 있기 때문에 이 시간 이후에는 피하는 게 좋다.

2 다음은 무산소 운동과 유산소 운동에 대한 설명입니다. 알맞은 단어를 고르고 각각의 예를 두 가지 이상 쓰세요.

1) 무산소 운동

: (장시간 / 순간적으로) 근육의 에너지를 사용하는 운동.

예)

2) 유산소 운동

: 운동에 필요한 에너지를 (산소 없이 / 산소의 공급을 받아) 하는 운동. 심장 박동수를 높여서 (탄수화물 / 지방)을 연소시킨다.

예)

3 춘곤증을 이겨내기 위한 방법으로 알맞지 <u>않는</u> 것을 고르세요.

1) 비타민을 충분히 섭취한다.

2) 아침을 챙겨 먹는다.

3) 낮잠을 20분 이상 잔다.

4) 유산소 운동을 한다.

읽기 연습

1 어떤 운동입니까? 보기 에서 골라 쓰세요.

보기

달리기   수영   역도   윗몸 일으키기   자전거 타기   턱걸이

1) _____   2) _____   3) _____

4) _____   5) _____   6) _____

2 보기 에서 알맞은 단어를 골라 문장을 완성하세요.

보기

해소하다   폭식하다   버티다   섭취하다   지속되다

　취직을 한 후 일이 너무 바빠서 식사를 못 할 때가 많았다. 그래서 퇴근하고 집에 가는 길에 하루 종일 먹고 싶었던 것을 다 배달시켜서 한꺼번에 먹는 걸로 스트레스를 1) _____. 근데 그렇게 밤에 2) _____ 살이 찌고 피부도 안 좋아졌다. 몸도 늘 무거웠다. 건강에 문제가 생긴 것 같아 병원에 갔더니 의사 선생님이 다행히 아직은 큰 문제가 없지만 나쁜 습관이 3) _____ 앞으로 큰 문제가 생길 수 있으니 우선 아침을 꼭 먹는 습관을 만들어 보라고 조언하셨다. 통곡물이나 과일 같은 좋은 탄수화물이 많이 든 음식을 아침에 충분히 4) _____ 뇌에 에너지를 주면 하루를 활기차게 시작할 수 있다고 말이다. 그리고 밤 8시 이후는 뭘 먹지 않도록 주의하라고 했다. 야식을 안 먹고 5) _____ 힘들겠지만 건강을 위해 노력해 봐야겠다.

듣기

Track 3-02

1 다음 중 들은 내용과 <u>다른</u> 것을 고르세요.

1) 스웨덴의 한 연구팀이 스트레스와 치매와의 관계를 발표했다.

2) 이 연구팀은 건강한 노인 500명의 성격을 조사하고 6년간 관찰했다.

3) 6년 후 500명 중 94명이 치매에 걸렸다.

4) 치매에 걸린 노인 중 60% 이상이 스트레스를 잘 받고 주로 가족과 함께 생활했던 노인이었다.

2 스트레스를 받으면 뇌의 어떤 부분에 불필요한 자극을 준다고 합니까?

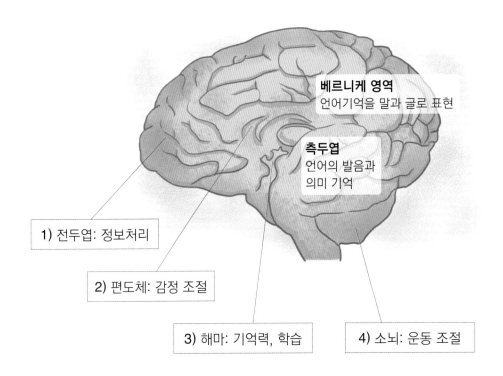

베르니케 영역
언어기억을 말과 글로 표현

측두엽
언어의 발음과
의미 기억

1) 전두엽: 정보처리

2) 편도체: 감정 조절

3) 해마: 기억력, 학습

4) 소뇌: 운동 조절

3 들은 내용에 맞게 빈칸을 쓰고 나의 스트레스 정도를 체크해 보세요.

현재 나의 스트레스는 어느 정도일까요?

- 이유 모를 긴장감이 느껴지거나 짜증이 나고 소화불량이 생긴다. ☐
- 주위 사람들에게 자주 1)_____. ☐
- 화가 나면 담배를 피우거나 술을 마시거나 군것질을 한다. ☐
- 편두통, 2)_____의 통증, 불면증이 있다. ☐
- 밤이나 주말에 3)_____에 대해 걱정하곤 한다. ☐
- 걱정 때문에 오히려 수업이나 일에 4)_____기 어렵다. ☐
- 긴장을 풀기 위해 진정제 등의 약을 먹는다. ☐
- 스트레스를 풀기 위한 5)_____기 어렵다. ☐
- 6)_____이/가 충분히 있어도 무엇을 해야 할지 모르겠다. ☐
- 잠을 깊게 잘 수 없다. ☐

다음은 한 빅데이터 조사 기관이 SNS를 이용하는 성인들의 인터넷 검색어를 대상으로 연령별 관심사를 조사한 결과입니다.

1) 20대

순위	키워드	횟수
1위	직장	9, 571
2위	화장품	8, 042
3위	패션	5, 835
4위	옷	3, 602
5위	여드름	3, 592
6위	다이어트	3, 431
7위	쇼핑몰	3, 176
8위	성형	2, 890
9위	세안	2, 603
10위	취업	2, 306

2) 30대

순위	키워드	횟수
1위	직장	7, 859
2위	화장품	3, 343
3위	치료	2, 065
4위	근육	1, 865
5위	보험	1, 857
6위	출산	1, 799
7위	펀드	1, 312
8위	패션	1, 296
9위	질환	1, 206
10위	다이어트	1, 179

3) 40대

순위	키워드	횟수
1위	직장	4, 830
2위	근육	2, 283
3위	치료	2, 235
4위	예방	2, 022
5위	질환	1, 854
6위	운동	1, 802
7위	병원	1, 711
8위	당뇨	1, 619
9위	혈관	1, 612
10위	보험	1, 592

1 나이에 따라 관심사가 어떻게 변하고 있습니까?

2 여러분의 현재 최대 관심사는 무엇입니까?

3 한국에는 "돈을 잃으면 조금 잃는 것이고 명예를 잃으면 많이 잃는 것이고 건강을 잃으면 전부 잃는 것이다."라는 말이 있습니다. 여러분은 건강의 소중함을 깨달은 적이 있습니까? 건강을 위해 무엇을 하고 있습니까?

종합 연습

1 보기 에서 알맞은 것을 골라 대화를 완성하세요.

보기

| -더라도 | -은/는 셈 치고 | -기는커녕 | 무산소 운동 | 유산소 운동 |

위생　　유지하다　　작심삼일　　적응하다　　체력　　호흡

가　요즘 건강을 위해서 운동을 시작하는 사람들을 많이 볼 수 있습니다. 하지만 1) _____
(으)로 끝나는 경우가 대부분인데요. 많은 사람들이 자신의 2) _____ 을/를
고려하지 않고 어려운 운동을 처음부터 무리하게 하는 경우가 많기 때문입니다. 운동의 목적
이 살을 빼기 위한 것이라면 자전거 타기나 오래 걷기 같은 3) _____ 을/를, 근
력을 키우기 위한 것이라면 윗몸 일으키기나 스쾃 같은 4) _____ 을/를 선택
해서 조금씩 강도를 높여 가며 운동하는 것이 좋습니다. 또한 날씨가 5) _____
실제로는 공기 중의 미세먼지가 많을 수도 있으니 야외 운동을 하려면 반드시 미세먼지 지수
를 먼저 확인하는 게 좋습니다.

나　맞는 말씀입니다. 운동 중에 미세먼지가 6) _____ 을/를 통해서 우리 몸으로
들어가면 건강이 7) _____ 오히려 면역력이 떨어지거나 심하면 병에 걸릴 수
도 있으니까요. 알맞은 운동 계획을 세워 건강을 8) _____ 것도 중요하지만
운동과 휴식의 균형을 맞추는 것도 필요합니다. 운동 못지않게 휴식도 중요하니까요.

2 다음 빈칸에 알맞은 것을 고르세요.

1) 우리 아버지는 워낙 어려운 일을 많이 겪으셔서 웬만한 일에는 _____ .
　① 눈이 높으시다　　　　　　　　② 눈이 낮으시다
　③ 눈도 깜짝하지 않으신다　　　　④ 눈에 띈다

2) 처음엔 한국에 친구 하나 없었던 스티브 씨가 지금은 우리 반에서 가장 사교성도 좋고 _____
사람이 되었어요.
　① 손이 큰　　　② 손이 매운　　　③ 발을 뻗고 자는　　　④ 발이 넓은

3) 우리 집 강아지는 처음 본 사람에게는 심하게 짖지만 _____ 잘 따라요.
　① 낯이 두꺼우면　　② 낯이 설면　　③ 낯이 익으면　　④ 낯을 못 들면

4) 군것질을 많이 하면 살찐다는 말을 _____ 끊기가 어려워요.
    ① 귀가 닳도록 들었지만   ② 어깨가 무겁지만
    ③ 입이 무겁지만   ④ 입이 아프지만

3 다음은 어떤 단어에 대한 설명입니까? 보기 에서 골라 쓰세요.

보기

      치매   해마   소화불량   군것질   편두통   통증   불면증

1) 사람의 뇌 속에 있는 기억력을 담당하는 부분 :

2) 음식을 먹은 후에 소화가 잘 안 되는 것 :

3) 한쪽 머리만 아픈 것 :

4) 식사 외에 먹는 과자, 과일, 아이스크림 등 :

5) 방금 한 일이나 오래 전부터 알고 있었던 것을 기억하지 못하는 병, 보통 젊은 사람보다는 노인들이 많이 걸린다. :

6) 몸이 느끼는 아픔 :

7) 스트레스나 걱정 때문에 잠을 자지 못하는 것 :

4 다음 중 어색한 대화를 골라 바르게 고치세요.

1) 가: 이번 시험은 성적이 올랐죠?
    나: 오르기는커녕 전보다 떨어졌어요.
2) 가: 휴가는 즐겁게 보내셨어요?
    나: 가족들 챙기느라 즐겁기는커녕 오히려 일할 때보다 힘들었어요.
3) 가: 어제 부탁한 일은 다 끝내셨어요?
    나: 다 끝내기는커녕 오늘 아침에 말씀하신 것까지 다 했어요.
4) 가: 그 영화 볼 만해요?
    나: 볼 만하기는커녕 줄거리가 너무 뻔해서 졸리던데요.

어색한 대화 (   ) 번 ➡ _____

💡 신체 관련 표현

1 다음 표현은 어떤 의미인지 이야기해 봅시다.

눈	눈이 높다, 눈이 낮다, 눈앞이 캄캄하다
코	눈코 뜰새 없다, 코가 삐뚤어지다, 엎어지면 코 닿을 곳이다
귀	귀가 어둡다, 귀가 밝다, 귀에 못이 박히다
입	입이 무겁다, 입이 가볍다, 입에 침이 마르다
낯	낯이 익다, 낯설다, 낯을 가리다, 낯이 두껍다
목	목이 쉬다, 목이 빠지다
손	손이 크다, 손이 작다, 손을 떼다
발	발이 넓다, 발바닥에 불이 나다

2 다음 표현의 의미는 무엇일까요? 연결하세요.

1) 손을 떼다　　　　　·　　　　　· 조금도 놀라지 않고 평소와 다름없다

2) 눈도 깜짝 안 하다　·　　　　　· 적당히 살이 찌고 안색이 좋아지다

3) 두 다리 쭉 뻗고 자다 ·　　　　· 뭔가 먹고 싶은 기분이 들다

4) 얼굴이 피다　　　　·　　　　　· 질릴 정도로 자주 듣다

5) 입이 심심하다　　　·　　　　　· 하던 일을 그만두다

6) 어깨가 무겁다　　　·　　　　　· 큰일을 맡아 부담이 크다

7) 손이 가다　　　　　·　　　　　· 마음을 놓고 편히 자다

8) 귀가 닳도록 듣다　　·　　　　　· 음식이 맛있어서 계속 먹게 되다,
　　　　　　　　　　　　　　　　　　어떤 일에 노력이 많이 필요하다

3 알맞은 표현을 사용해서 문장을 완성하세요

가 그렇게 무서운 영화를 보면서 어떻게 1) _____ 수 있어요? 나는 그냥 옆에서 잠깐 보기만 해도 무서운데!

나 이 정도는 볼 만한데요. 근데 영화 보다 보니까 2) _____ 뭐 좀 먹을까요?

가 갑자기 잡채가 당기는데 우리 잡채 만들어 먹을까요?

나 그렇게 많이 3) _____ 거 말고 바로 먹을 수 있는 음식 없어요?

가 미선 씨는 너무 4) _____ 어떤 사람도 마음에 들어하지 않더니 어떻게 이번에 소개팅 한 분이랑은 3개월 만에 결혼까지 하게 된 거래요?

나 처음 만났을 때부터 예전에 만난 적이 있는 것처럼 5) _____ 몇 번이나 전에 만난 적 없냐고 물어봤대요. 그런 익숙하고 편한 느낌 때문에 빨리 친해진 모양이에요.

가 민영 씨! 퇴사하신 후에 뭐 좋은 일 있어요? 6) _____ .

나 회사에서 일하는 동안은 업무 스트레스 때문에 늘 7) _____ 거든요. 근데 사표를 내고 일에서 8) _____ 후로 마음이 너무 편해졌어요. 전에는 늘 잠을 설치곤 했는데 요즘은 매일 9) _____ . 그래서 얼굴이 좋아졌나 봐요.

가 어릴 때 어머니께 "공부 좀 해."라는 말을 10) _____ 들었어요. 하지만 전 책상 앞에 앉아 있는 것보다는 밖에 나가서 친구들이랑 뛰어 노는 게 훨씬 더 좋았어요.

나 그래서 진영 씨가 지금도 활동적이고 11) _____ 가 봐요. 회사에 모르는 사람이 없잖아요.

가 어제 회식에서 12) _____ 술을 마셨잖아요. 괜찮아요?

나 안 그래도 지금 힘들어 죽겠어요. 아침에 머리가 너무 아파 가지고 겨우 일어났는데 시계를 보니 지각하겠더라고요. 13) _____ 뛰어와서 겨우 지각은 안 했는데 지금 온몸이 안 아픈 데가 없어요.

📖 단어 목록

공부한 단어를 ✓하세요!

어휘

- [ ] 위생
- [ ] 장수
- [ ] 호흡
- [ ] 혈압
- [ ] 얼굴빛
- [ ] 창백하다
- [ ] 병균
- [ ] 흐르다
- [ ] 혈관
- [ ] 압력
- [ ] 충격
- [ ] 저혈압
- [ ] 빈혈
- [ ] 영업
- [ ] 산소

문형 연습

- [ ] 통
- [ ] 베개
- [ ] 이불
- [ ] 묻다
- [ ] 도둑질
- [ ] 형편
- [ ] 당부하다
- [ ] 통제
- [ ] 올리다
- [ ] 조차
- [ ] 생활비
- [ ] 은혜
- [ ] 갚다
- [ ] 요기하다
- [ ] 로또
- [ ] 맞추다
- [ ] 쿠폰
- [ ] 입맛(이)돌다
- [ ] 바깥
- [ ] 나름대로

- [ ] 액땜
- [ ] 자식

말하기

- [ ] 체질
- [ ] 공복

읽기

- [ ] 가정의학과
- [ ] 전문의
- [ ] 궁금증
- [ ] 몸매
- [ ] 폭식
- [ ] 유산소 운동
- [ ] 무산소 운동
- [ ] 박동수
- [ ] 지방
- [ ] 연소
- [ ] 근육
- [ ] 근력
- [ ] 역도
- [ ] 스쾃
- [ ] 버티다
- [ ] 팔 굽혀 펴기
- [ ] 턱걸이
- [ ] 춘곤증
- [ ] 섭취하다
- [ ] 즉각
- [ ] 탄수화물
- [ ] 통곡물
- [ ] 쫓다
- [ ] 카페인
- [ ] 숙면
- [ ] 다만

읽기 연습

- [ ] 윗몸 일으키기

듣기

- [ ] 치매
- [ ] 관찰하다

- [ ] 해마
- [ ] 자극
- [ ] 밀접하다
- [ ] 소화불량
- [ ] 군것질
- [ ] 편두통
- [ ] 통증
- [ ] 불면증
- [ ] 진정제
- [ ] 전두엽
- [ ] 편도체
- [ ] 소뇌
- [ ] 측두엽
- [ ] 베르니케 영역
- [ ] 깊다

쓰기

- [ ] 빅데이터
- [ ] 기관
- [ ] 세안
- [ ] 펀드
- [ ] 질환
- [ ] 당뇨
- [ ] 명예
- [ ] 깨닫다

Jump Page

- [ ] 눈도 깜짝 안 하다
- [ ] 낯이 익다
- [ ] 손을 떼다

대화

- [ ] 체력
- [ ] 차차

종합 연습

- [ ] 키우다
- [ ] 강도
- [ ] 지수
- [ ] 균형
- [ ] 못지않다

unit 4

교통

SEOUL METRO

- –는 바람에
- –(으)ㄹ 걸 그랬다
- –(으)ㄹ 지경이다

대화

Track 4-01

왜 이렇게 늦었어요? 눈 빠지게 기다렸잖아요.

정말 죄송합니다. 일찍 나왔는데 이 앞 사거리에서 길이 꽉 막혀 있는 바람에 30분 넘게 서 있었어요.

30분이나요? 그러고 보니 진짜 정체가 너무 심한데요. 경찰차들이 있는 걸 보니까 사고가 난 것 같기도 하네요.

차가 꼼짝을 안 하니 큰일이군요. 교통 방송을 들어볼까요?

〈교통 방송〉

"조금 전 시청 앞 도로에서 트럭과 택시가 정면으로 부딪히는 사고가 발생했습니다. 이 사고 여파로 시청 주변이 크게 혼잡을 이루고 있는데요, 시청 방면으로 가시는 분들은 비교적 소통이 원활한 주변 도로를 이용하시기 바랍니다."

역시 사고가 났었군요. 차를 가지고 나오지 말 걸 그랬어요. 이미 영화 시간은 늦었는데 어떡하죠?

일단 밥 먹으러 갈까요? 지금 배고파 죽을 지경이거든요.

그래요. 금강산도 식후경이라고 우선 밥부터 먹죠. 제가 사과하는 의미로 근사한 저녁 살게요.

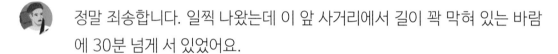
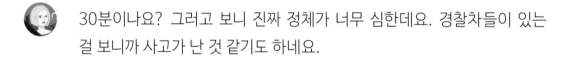

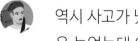
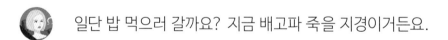
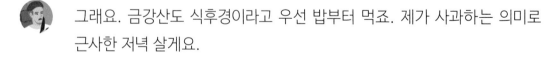

1 호세는 왜 늦었습니까?

2 두 사람의 원래 계획은 무엇이었습니까?

3 왜 시청 주변에서 차가 많이 밀린다고 했습니까?

어휘 및 표현

정면   금강산도 식후경   근사하다

가	나
통근	(차가) 꼼짝도 못하다
교차로	(도로가) 혼잡하다
정체	교통정리를 하다
인도	(음주, 과속, 주차) 단속에 걸리다
보행자	(차가) 견인되다
승객	줄을 서다
여파	승차하다

1 다음 설명과 예문에 맞는 단어를 〈가〉에서 골라 쓰세요.

1) 근무를 위해 집과 직장을 오고가는 것:
   - 전국 12세 이상 인구 4,534만 명 중 51.4%인 2,329명이 _____ 을/를 하고 있고 주요 교통 수단은 지하철인 것으로 나타났다.

2) 차도의 반대. 사람들이 걸어 다닐 수 있도록 차도 옆에 따로 만든 길:
   - 사람이 다니는 _____ 위를 자전거나 오토바이로 지나가는 것은 불법이다.

3) 방향이 다른 두 길이 만나는 곳:
   - 이 길로 곧장 가다가 _____ 에서 왼쪽으로 돌면 나오는 첫 번째 골목에 우리 집이 있어요.

4) 교통사고나 도로 공사 등으로 자동차의 통행이 멈추거나 매우 느린 상태:
   - 설 연휴 둘째 날인 오늘 전국적으로 차량 6백만 대 이상이 도로에 나와 극심한 교통 _____ 이/가 예상됩니다.

5) 어떤 일이 끝난 후에 남아있는 영향:
   - 시청 앞은 한 시간 전에 일어난 사고의 _____ (으)로 차가 많이 막히고 있다.

6) 차, 배, 비행기 등을 타는 손님:
   - 어제 탄 비행기의 _____ 중 반 이상이 유럽 사람이었다.

7) 걸어서 길을 왔다 갔다 하는 사람:
   - _____ 의 안전을 위해 차도와 인도 사이에 가드레일을 만들었다.

2 다음 문장의 빈칸에 알맞은 표현을 (나)에서 골라 쓰세요.

- 한 시간 전 백화점 앞에서 교통사고가 나서 주변 도로가 1) _____. 경찰이 나와서 2) _____고 있지만 아직도 그 주변을 지나가기는 많이 불편해 보입니다.

- 어제 친구를 만나러 홍대에 갔는데 잠깐 커피를 사려고 5분 정도 차를 커피숍 앞에 세웠다가 주차 3) _____아/어서 벌금을 냈어요.

- 차례대로 버스에 4) _____기 위해 5) _____아/어서 질서 있게 기다리는 사람들을 무시하고 새치기를 하는 뻔뻔한 사람들이 있다.

- 오늘 오후 6시 40분 한남대교에서 발생한 차량 고장으로 인해 퇴근길에 오른 차량들이 30여 분간 6) _____. 도로에 갇혀 있던 시민들은 고장 차량이 7) _____ 후 귀가를 서두르고 있습니다.

동사 + -는 바람에

가: 차는 어디 두고 지하철로 퇴근해요?
나: 어제 사고가 나는 **바람에** 견인됐어요.

-는 바람에

| 나다 | 나는 바람에 | 먹다 | 먹는 바람에 |

■ STEP 1 　보기 와 같이 연결하세요.

보기 　지갑을 잃어버리다　•　　　　　　　　• 벌금을 내다.

1)　급하게 먹다　•　　　　　　　　　　　• 체하다.

2)　밤새 내린 눈이 얼다　•　　　　　　　• 빙판길 사고가 발생하다.

3)　동생이 늦게 들어오다　•　　　　　　• 부모님이 걱정을 하시다.

4)　교통 신호를 어기다　•　　　　　　　• 점심도 굶다.

보기 　지갑을 잃어버리는 바람에 점심도 굶었다.

1) _____

2) _____

3) _____

4) _____

STEP 2 보기 와 같이 대화를 완성하세요.

보기

가: 사무실 분위기가 왜 이래요? 무슨 일 있었어요?
나: 과장님이 갑자기 화를 내고 나가버리는 바람에 모두 깜짝 놀랐거든요. 무슨 일인지 모르겠네요.

1) 가: 왜 이렇게 늦었어요?

   나: _____

2) 가: 왜 숙제를 안 했어요?

   나: _____

3) 가: 왜 갑자기 회의가 취소됐지요?

   나: _____

4) 가: 어제 민호 씨 생일 파티에 온다고 해놓고 왜 안 왔어요?

   나: _____

5) 가: 어머! 교과서가 왜 이래요? 물에 다 젖었네요!

   나: _____

다음 상황을 읽고 친구와 이야기를 만들어 봅시다.

이번엔 또 왜 늦은 거야? 내가 아침에 전화까지 했잖아.

집 앞에서 사고가 나는 바람에 늦은 거야. 내가 잘못한 게 아니라고.

상황1
연인 사이인 민재와 미호는 매일 약속 시간에 늦는 미호 때문에 자주 싸운다. 오늘도 미호가 약속 시간에 한 시간이나 늦게 나와서 말다툼을 하게 된다.

상황2
시험만 보면 꼴찌를 하는 아들. 이번 시험도 역시 성적이 엉망인데 엄마에게 어떤 핑계를 댈까?

상황3
샘과 그의 아내는 서로 운명적으로 만나 결혼하게 되었다. 두 사람의 첫 만남은 작은 실수에서 시작되었다.

상황4
교통 신호를 위반하여 교통 경찰의 단속에 걸린 운전자. 신호를 위반한 이유에 대해 이야기한다.

상황5
해외여행을 가서 여권과 가방을 잃어버렸다. 분실 신고를 하러 가서 어떻게 이야기 할까?

상황6

동사 + -(으)ㄹ 걸 그랬다

가: 길에서 20분 넘게 꼼짝도 못하고 있네요.
나: 이렇게 차가 막힐 줄 알았으면 아침 일찍 출발할 걸 그랬네요.

-(으)ㄹ 걸 그랬다			
사다	살 걸 그랬다	읽다	읽을 걸 그랬다

STEP 1 **보기** 와 같이 쓰세요.

보기

지갑을 잃어버렸어요. 조심했으면 좋았을 텐데요.
➡ 조심할 걸 그랬어요. / 좀 더 조심할걸.

1) 통장에 돈이 하나도 없어요. 좀 절약했으면 좋았을 텐데요.

    ➡ _____ .

2) 집들이를 했는데 음식이 좀 부족했어요. 음식을 더 준비했으면 좋았을 텐데.

    ➡ _____

3) 어제 동료한테 화를 내 버렸어요. 참았으면 좋았을 텐데.

    ➡ _____

4) 굽이 높은 구두를 신었더니 발이 아파요. 운동화를 신었으면 좋았을 텐데.

    ➡ _____

STEP 2 보기 와 같이 대화를 완성하세요.

보기
가: 숙제 다 했어요?
나: 아니요, 생각보다 어렵네요. 어제 시작할 걸 그랬어요.

1) 가: 어제 놀이공원에 갔다면서요?
   나: 네. 근데 어린이날이라서 그런지 사람이 너무 많더라고요. 차도 많이 막히고요.
   _____

2) 가: 앗! 은행에 가서 돈을 찾으려고 했는데 벌써 시간이 이렇게 됐네!
   나: 어! 나도 가야 되는데. _____

3) 가: 아이들이 아프다면서요? 괜찮아요? 어디가 아픈 거예요?
   나: 독감이래요. _____

4) 가: 어제는 왜 그렇게 술을 많이 마셨어요?
   나: 아이고...... 안 그래도 지금 속이 너무 안 좋아요. _____

5) 가: 오빠! 오늘 엄마 생신인 거 알았어?
   나: 헉! 잊어버리고 있었다! _____

6) 가: 어제 면접 봤다면서요? 어땠어요?
   나: 회사에 대한 질문이 많아서 좀 어려웠어요. _____

7) 가: 지난 주말에 뭐 했어요?
   나: 영화를 보러 갔는데 표가 없어서 영화를 못 봤어요. _____

 STEP 3 아쉬움이나 후회가 남은 일에 대해 이야기해 봅시다.

한국에 온 지 얼마 안 됐을 때 직장 동료의 초대를 받아 결혼식에 갔는데
아무 생각 없이 고향에서 친구 결혼식 때 입었던 드레스를 입고 갔다가
낭패를 본 적이 있어요. 한국의 하객 문화에 대해 좀 알아보고 갈 걸
그랬어요. 부끄럽기도 하고 직장 동료에게도 너무 미안했어요.

동사 + -(으)ㄹ 지경이다

가: 통근길 버스는 항상 만원이네요.

나: 그래도 어제보다는 나은데요. 어제는 사람이 너무 많아서 숨도 못 쉴 지경이었어요.

-(으)ㄹ 지경이다

몸살이 나다	몸살이 날 지경이다	닿다	닿을 지경이다

STEP 1 보기 와 같이 알맞은 표현을 골라 쓰세요.

눈을 감고도 찾아갈 수 있다   대사를 외우다
배꼽이 빠지다   구멍이 나다   배가 등에 붙다
발소리만 들어도 알다   말이 안 나오다   천장에 닿다

보기 하도 자주 다녀서 눈을 감고도 찾아갈 수 있을 지경이다.

1) 너무 웃겨서 _____ .

2) 방 안에 책이 너무 쌓여 있어서 _____ .

3) 친구랑 8년 동안 같은 집에서 살다 보니 이제는 _____ .

4) 그 영화를 하도 많이 봐서 _____ .

5) 그 신발은 낡아서 _____ .

6) 어제 저녁부터 끼니를 거르는 바람에 _____ .

7) 너무 어이가 없어서 _____ .

STEP 2 보기 와 같이 문장을 완성하세요.

보기

요즘 회사가 새로운 사업을 시작해서 정말 눈코 뜰 새 없이 바빠요. 밥 먹을 시간은커녕 화장실 갈 시간도 없을 지경이라니까요. 집에 가도 잠만 자고 바로 나와야 할 지경인데 출퇴근 시간을 생각하면 차라리 회사에서 자는 게 낫겠어요.

1) 저에게는 가족처럼 가까운 친구가 하나 있어요. 학교에서도 항상 붙어 있고 수업이 끝나고 서로 서로 집에도 자주 놀러가요. 친구 집에 하도 자주 다녀서 _____ 지경이에요.

2) 저는 영화를 아주 좋아하는데 특히 한 번 보고 마음에 드는 영화는 생각날 때마다 다시 보는 걸 좋아해요. 어떤 영화는 하도 많이 봐서 _____ 지경이에요.

3) 저는 물건을 잘 버리지 못하는 편이에요. 특히 소중한 사람들에게 받은 선물은 절대 안 버려요. 제가 10년 전 회사에 입사했을 때 친구가 사준 신발이 있는데 매일같이 신었더니 지금은 너무 낡아서 _____ 지경이지만 버리지 못하겠어요.

4) 요즘 시험 기간이라 해야 할 공부가 너무 많아요. 공부해야 할 내용이 산더미 같아서 밥 먹을 시간도 아까울 정도예요. 어제 저녁부터 밥도 안 먹고 계속 공부만 했더니 지금은 _____ 지경이에요.

5) 우리 부장님은 너무 재미있는 사람이에요. 어제는 회식을 하는데 너무 재미있는 이야기를 하는 거예요. 사장님이 바로 제 앞에 앉아 계셔서 눈치를 보고 있었는데 부장님이 계속 웃기니까 웃음을 억지로 참다가 _____ 지경이었어요.

6) 부모님은 왜 저를 이해하지 못하시는지 모르겠어요. 몇 번이나 나하고 공부는 안 맞는다, 작아도 좋으니까 내 힘으로 가게를 하나 열고 싶다, 도와달라고 말씀드렸지만 어쨌든 졸업부터 하라고 하세요. 정말 답답해서 _____ 지경이에요.

다음 표현을 사용해서 여러분의 경험을 이야기해 보세요.

지난달에 콘서트에 가서 드디어 제가 제일 좋아하는
아이돌을 직접 봤어요. 너무 예뻐서 눈이 부실 지경이
었어요. 나중에는 심장이 너무 뛰어서 숨이 막힐 지경
이었지만 정말 행복했어요.

심장이 터지다

숨이 막히다

눈이 부시다

속이 터지다

귀에 못이 박히다

발바닥에 불이 나다

침이 마르다

배가 등에 붙다

배꼽이 빠지다

출근 시 주로 이용하는 교통 수단은?

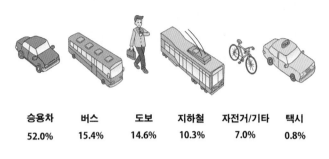

승용차	버스	도보	지하철	자전거/기타	택시
52.0%	15.4%	14.6%	10.3%	7.0%	0.8%

1 평소에 어떤 교통수단을 많이 이용합니까?

2 휴가를 가거나 고향에 갈 때 어떤 교통수단을 이용합니까? 그 교통수단을 이용할 때의 장점과 단점은 무엇입니까?

3 한국에서 추석이나 설날에 '민족의 대이동', '귀성 전쟁'이라는 말을 자주 사용합니다. 이 말을 들어본 적이 있습니까? 이 말은 무슨 뜻입니까?

추석 민족 대이동 귀성은 연휴 첫날 오전, 귀경은 추석 다음 날 오후 가장 많을 것

한국교통연구원이 실시한 추석 연휴 기간 통행 실태 조사 결과를 보면 전체 이동 인구는 2천 22만 명, 하루 평균 575만 명으로 집계되었다. 지난해에 비해 총 이동 인구는 27% 증가했으나, 연휴 기간이 늘어나면서 하루 평균 이동 인구는 9.4% 감소했다. 한국도로공사도 추석 연휴 기간 중 고속도로를 이용하는 하루 평균 차량을 지난해보다 4.3% 줄어든 531만 대로 전망했다. 귀성 출발은 추석 전날이면서 연휴 첫날인 28일 오전, 귀경 출발은 추석 다음 날인 30일 오후에 가장 많을 것으로 예상됐다. 이동 인구 대부분은 승용차로 이동하고 그 밖에 버스, 철도, 항공, 배의 순으로 이용이 많을 것으로 보인다. 국토교통부는 원활한 차량 소통을 위해 갓길 차로를 운영하고 인터넷 등을 통한 실시간 교통 정보를 제공할 예정이다. 또, 연휴 기간에는 고속도로를 이용하는 모든 차량에 대해 통행료를 면제하고, 임시 화장실을 늘리는 등의 방안을 마련했다.

소라: 민재 씨, 이 기사 보셨어요? 고향에 가는 길은 추석 전날이 제일 막힐 거래요.

민재: 이번에도 귀성 전쟁이겠군요. 소라 씨는 연휴 때 고향에 가세요?

소라: 네, 28일에 출발하려고 했는데 안 되겠네요. 그날이 가장 차가 많이 몰린다고 하니까 그 전날 밤에 가야겠어요.

민재: 직접 운전해서 가시게요?

소라: 네, 아기가 있어서 아무래도 차가 나을 것 같아요. 어차피 기차표도 다 매진이기도 하고요.

민재: 장시간 운전하다 보면 꽤 피곤하시겠네요.

소라: 남편과 번갈아 운전하면 괜찮아요. 명절엔 막히는 게 당연하긴 하지만 길에 버리는 시간이 많아서 막상 가족과 함께할 시간은 별로 없다는 게 아쉬워요.

민재: 저도 작년에 고향에 내려갈 때 길이 너무 막히는 바람에 평소에 버스로 3시간이면 가던 길이 10시간 넘게 걸렸어요. 나중에는 앉아 있기도 힘들 지경이었어요. 그래서 이번에는 부모님이 서울로 올라오시기로 했어요. 그게 길도 덜 막히고, 더 오래 같이 시간을 보낼 수 있을 것 같아서요.

소라: 맞아요. 요즘 역귀성하시는 부모님들이 많더라고요.

1 읽은 내용과 같으면 ◯, 다르면 ✕에 ✓ 하세요.

1)	올해 추석 연휴는 작년보다 짧기 때문에 정체가 더 심할 것이다.	◯	✕
2)	이번 연휴에 고향을 찾는 사람들은 작년보다 줄어들 것이다.	◯	✕
3)	승용차로 귀성하는 사람들이 가장 많을 것으로 예상된다.	◯	✕
4)	정부는 정체를 줄이기 위해 갓길 차로를 운영할 계획이다.	◯	✕

2 소라는 언제, 어떻게 고향으로 갈 계획입니까?

3 민재는 이번 연휴에 어떻게 할 계획입니까?

4 '역귀성'이란 무엇입니까?

읽기 연습

1 다음 중 반대 의미를 가진 말을 골라 연결하세요.

1) 귀성 · · 단시간

2) 늘어나다 · · 귀경

3) 정체가 심하다 · · 줄어들다

4) 늘리다 · · 줄이다

5) 장시간 · · 정체가 풀리다

2 [보기]에서 알맞은 단어를 골라 신문 기사를 완성하세요.

[보기]

귀성　　귀경　　정체　　예상되다　　연휴　　번갈아　　대상으로

민족 대이동 설날 기차표 예매 실패, 고속버스 접속 폭주

5일 간의 설날 1)_____을/를 앞두고 고속 버스 티켓 예매 사이트에 접속이 폭주하고 있다. 기차나 비행기 표를 예매하지 못한 사람들이 고속버스 예매를 위해 동시에 몰려 현재 홈페이지에 접속이 되지 않는 상황이다. 한편 이번 설날 연휴 중 가장 2)_____이/가 심한 날은 고향에 가는 3)_____의 경우 18일(수요일) 오전, 서울로 올라오는 4)_____의 경우 설날 당일인 21일(토요일) 오후일 것으로 예측됐다. 한국교통연구원이 전국 9000가구를 5)_____ 실시한 조사 결과, 귀성 교통량은 18일에 57.3%가 집중될 것으로 나타났다. 반면 귀경은 21일이 39.5%, 22일이 41.4%로 조금 분산됐다. 시간대로 보면 18일 오전 출발하겠다는 사람이 40.6%로 가장 많았다. 귀경 때는 21일 오후에 돌아오겠다는 응답이 32.9%였다. 차를 운전해서 가는 경우 서울-부산은 평균 8시간, 광주까지는 6시간 50분, 대전은 5시간으로 6)_____. 반대로 귀경은 부산-서울 평균 7시간 20분, 광주-서울 5시간 30분, 강릉-서울 4시간이 걸릴 것으로 보인다. 장시간 운전은 위험하므로 두세 사람 정도가 7)_____ 운전을 하는 것이 바람직하다. 이번 설날에 귀성길에 오르는 사람들의 수는 2769만 명, 설 당일에는 최대 622만 명이 이동할 것으로 전망된다.

Track 4-02

1 이 설문 조사는 누구를 대상으로 했습니까?

: 서울 지역 (　　~　　)대 남녀 (　　　　)명

2 조사 결과 대중교통을 이용할 때 하는 일을 정리해 봅시다.

1위		40%
2위	뉴스나 전자책, 웹툰 읽기	33.7%
3위	음악 듣기	＿＿＿ %
4위	메시지 보내기	＿＿＿ %
5위		3.9%
6위		3.4%

3 다음 중 '대중교통 꼴불견' 1위~3위 안에 들어간 것은 무엇입니까?

1) 다리를 쩍 벌리거나 꼬고 앉아 다른 승객에게 불편을 주는 사람

2) 술을 마시고 주정 부리는 사람

3) 임산부, 장애인, 노약자를 보고도 못 본 척 자리를 양보하지 않는 건강한 사람

4) 불필요한 신체 접촉을 하는 사람

설문 조사를 해 봅시다!

1) 설문 주제: _____

2) 설문 대상: _____

3) 설문 문항: _____

   1) _____

   2) _____

   3) _____

4) 조사 결과: _____

   1위 _____

   2위 _____

   3위 _____

   기타 _____

5) 정리: _____

1 다음은 대중교통에 대한 설문 조사 내용입니다. 보기 에서 알맞은 표현을 골라 문장을 완성하세요.

보기

대상으로　　　다음으로　　　-의 순이었습니다
-도 있었습니다　　　-(으)로 가장 많았습니다

국토교통부가 전국 6800가구를 1) _____ 설날 고향 가는 길에 이용할 교통편에 대해 조사한 결과 승용차가 81.4% 2) _____ . 3) _____ 버스가 13.8%로 2위, 철도가 3.8%로 3위4) _____ . 그 밖에 항공기나 여객선을 이용한다는 응답5) _____ . 귀성객 대부분이 승용차를 이용할 것이라는 조사 결과를 보면 이번 설날에도 고속도로 정체가 심할 것으로 예상됩니다. 출발하기 전은 물론, 중간중간 스마트폰이나 TV, 라디오 등을 통해 제공되는 실시간 교통 정보를 참고하여 안전하고 편안한 귀성길이 되시길 바랍니다.

2 보기 에서 알맞은 표현을 골라 대화를 완성하세요.

보기

-는 바람에　　　-(으)ㄹ 걸 그랬다　　　-(으)ㄹ 지경이다
승객　　　혼잡하다　　　꼼짝도 못하다　　　부딪히다　　　정체

미라　　다나카 씨, 무슨 일 있으셨어요? 피곤해 보이는데요.

다나카　　말도 마세요. 주말에 머리 좀 식힐까 하고 교외로 나갔다 오려고 했는데 차가 너무 밀려서 길 위에서 1) _____ 3시간 동안이나 서 있었다니까요.

미라　　3시간씩이나요? 2) _____ 도로 위에서 오랜 시간을 보냈으니 정말 피곤했겠네요. 그런데 왜 그렇게 길이 막힌 거예요?

다나카　　나중에 들어 보니까 앞에서 사고가 3) _____ 경찰들도 오고 난리도 그런 난리가 없었대요. 승용차하고 버스가 부딪혀서 난 접촉 사고였다고 하더라고요.

미라　　그래요? 버스에 타고 있던 4) _____ 들은 많이 다치지 않았나요?

다나카　　큰 사고는 아니어서 다친 사람은 없었나 봐요. 그래도 경찰들이 사고 지역을 정리하는 데 시간이 걸려서 계속 5) _____ 됐어요. 저녁이 다 돼서 도착했을 땐 졸려서 6) _____ . 도저히 안 되겠어서 휴게소에서 차를 세워 놓고 좀 자다가 왔어요. 괜히 나가서 고생만 했는데 그냥 7) _____ .

💡 설문 조사에서 자주 사용하는 표현

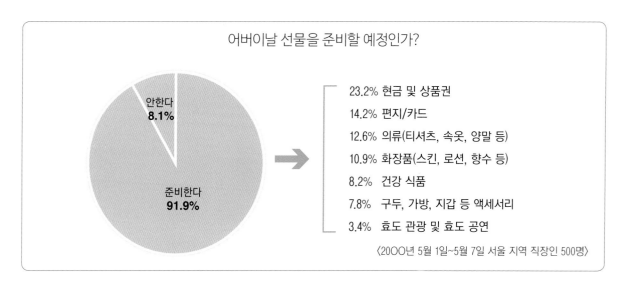

어버이날 선물을 준비할 예정인가?

안한다
8.1%

준비한다
91.9%

23.2% 현금 및 상품권
14.2% 편지/카드
12.6% 의류(티셔츠, 속옷, 양말 등)
10.9% 화장품(스킨, 로션, 향수 등)
8.2% 건강 식품
7.8% 구두, 가방, 지갑 등 액세서리
3.4% 효도 관광 및 효도 공연

〈20○○년 5월 1일~5월 7일 서울 지역 직장인 500명〉

5월 1일부터 5월 7일까지 서울 지역 직장인 500명을 대상으로 어버이날 선물에 대해서 설문조사한 결과 91.9%가 선물을 준비하겠다고 응답했고 '어떤 선물을 준비하겠습니까?'라는 질문에는 '현금이나 상품권'이라는 대답이 23.2%로 1위였습니다. 2위는 편지나 카드 14.2%, 3위는 의류 12.6%, 4위는 화장품 10.9%의 순이었습니다. 그 밖에 건강 식품, 액세서리, 효도 관광이나 공연 티켓 등의 응답도 있었습니다. 조사 결과 대부분의 직장인들은 어버이날 선물을 준비하고 있고, 부모님이 원하는 것을 직접 고르실 수 있는 현금이나 상품권을 선호한다는 것을 알 수 있었습니다.

1 설문 조사에서 사용하는 표현의 의미를 바르게 연결하세요.

1) -을/를 대상으로 ·

· 누구에게 설문조사를 했는지 말할 때

2) -에 대해서 설문조사한 결과 ·
   (는 다음과 같습니다.)

· 가장 많은 응답을 말할 때

3) -%로 1위였습니다. ·

· 순서대로 말할 때

4) -의 순이었습니다. ·

· 기타 의견을 말할 때

5) 그 밖에 -도 있었습니다. ·

· 설문 조사를 통해서 알게 된 것을 말할 때

6) -을/를 알 수 있었습니다. ·

· 조사 결과 발표를 시작할 때

2 **①**의 표현을 사용해서 설문 조사 내용에 대해 발표하는 글을 완성하세요.

〈 가장 좋아하는 한식은
무엇입니까? 〉

1위 김치찌개 25%

2위 된장찌개 19%

3위 불고기 15%

4위 삼겹살 12%

기타 : 낙지볶음, 부대찌개,
설렁탕

〈 여행 가고 싶은 장소 〉

1위 제주도 21%

2위 부산 17%

3위 강릉 11%

4위 여수 8%

기타 : 광주, 목포, 남원

〈 _____ 〉

1위

2위

3위

4위

　　20○○년 12월 1일부터 15일까지 회사원 3000명을 대상으로 좋아하는 한식에 대해 설문 조사한
결과는 다음과 같습니다. 우선 김치찌개가 _____. 그 다음은
된장찌개 19%, 불고기 15%, 삼겹살 12% _____. 그 외에 낙지볶음, 부대찌개, 설
렁탕이라는 대답도 있었습니다. 조사 결과 _____
알 수 있었습니다.

　　20○○년 12월 1일부터 15일까지 회사원 3000명을 대상으로 여행 가고 싶은 장소 _____

_____

_____

_____

📖 단어 목록

어휘

- [ ] 통근
- [ ] 교차로
- [ ] 인도
- [ ] 차도
- [ ] 보행자
- [ ] 승객
- [ ] 여파
- [ ] 꼼짝
- [ ] 혼잡하다
- [ ] 과속
- [ ] 단속에 걸리다
- [ ] 견인되다
- [ ] 승차하다
- [ ] 인구
- [ ] 골목
- [ ] 차량
- [ ] 질서
- [ ] 가드레일
- [ ] 오르다
- [ ] 갇히다
- [ ] 귀가

문형 연습

- [ ] 체하다
- [ ] 빙판길
- [ ] 꼴찌
- [ ] 운명
- [ ] 위반하다
- [ ] 낭패를 보다
- [ ] 만원
- [ ] 하도
- [ ] 끼니
- [ ] 거르다
- [ ] 차라리
- [ ] 산더미
- [ ] 어쨌든

말하기

- [ ] 민족의 대이동

- [ ] 귀성
- [ ] 전쟁

읽기

- [ ] 귀경
- [ ] 연구원
- [ ] 통행
- [ ] 실태
- [ ] 총
- [ ] 공사
- [ ] 전망하다
- [ ] 순
- [ ] 국토교통부
- [ ] 원활하다
- [ ] 소통
- [ ] 갓길
- [ ] 차로
- [ ] 면제
- [ ] 임시
- [ ] 방안
- [ ] 몰리다
- [ ] 장시간
- [ ] 번갈아
- [ ] 막상
- [ ] 역귀성

읽기 연습

- [ ] 단시간
- [ ] 폭주하다
- [ ] 한편
- [ ] 예측되다
- [ ] 분산되다
- [ ] 바람직하다
- [ ] 전자책

듣기

- [ ] 여성
- [ ] 남성
- [ ] 꼴불견
- [ ] 차지하다
- [ ] 이외

- [ ] 주정을 부리다
- [ ] 쩍
- [ ] 벌리다
- [ ] 불필요하다
- [ ] 접촉

Jump Page

- [ ] 효도
- [ ] 부대찌개
- [ ] 설렁탕

대화

- [ ] 정면
- [ ] 방면
- [ ] 금강산도 식후경
- [ ] 근사하다

종합 연습

- [ ] 여객선
- [ ] 머리를 식히다
- [ ] 난리
- [ ] 휴게소

unit 5
한국의 축제

목표 문형

- –았/었/했기(에) 망정이지
- –(으)ㄴ/는 걸 보니(까)
- –(으)ㄴ/는/(으)ㄹ 줄 알다/모르다

Track 5-01

👨 미라 씨, 부산국제영화제 보러 간다면서요?

👩 네. 오늘 내려가자마자 개막작을 볼 거예요. 비행기를 몇 달 전에 예매했기에 망정이지 오늘 부산에 못 갈 뻔했어요.

👨 몇 달 전부터 준비한 걸 보니까 미라 씨는 영화를 진짜 좋아하나 봐요.

👩 영화를 좋아하기도 하고 부산국제영화제는 정말 볼 만한 축제거든요. 매년 70개가 넘는 나라의 영화가 상영되고 전 세계적으로 유명한 감독과 배우들도 많이 와요.

👨 우와! 그렇게 큰 영화제인 줄 몰랐어요. 진짜 재미있겠는데요. 저도 가고 싶은데 지금 남아 있는 표가 있을까요?

👩 인터넷으로 표를 구하는 건 만만치 않을 거예요. 하지만 전체 좌석의 20%는 현장 판매로 남겨 두니까 영화 상영하는 날 아침에 매표소에서 직접 살 수 있어요. 근데 인기 있는 영화는 새벽부터 미리 줄을 서도 표를 못 구하는 경우도 많아요.

👨 아이고, 이번에는 아무래도 안 되겠네요. 내년에 미라 씨 갈 때 저도 데리고 가 주세요.

👩 그럴게요. 내년엔 꼭 같이 가요.

1 미라는 주말에 어디에 간다고 했습니까?

2 미라는 왜 부산국제영화제가 볼 만하다고 했습니까?

3 부산국제영화제의 표는 어떻게 살 수 있습니까?

개막작   만만하다

가	나
축제	개최하다
개막 / 폐막	공연하다
관객	상영하다
매표소	성원하다
1일권 / 2일권 / 통합권	시상하다
예매 / 현장 판매	참여하다
마스코트	체험하다
표어(슬로건)	

1 빈칸에 알맞은 단어를 〈가〉에서 찾아 문장을 완성하세요.

1) 부산국제영화제 ＿＿＿＿＿＿＿＿ 식에는 전 세계 유명 감독과 영화배우가 영화제의 시작을 축하하러 직접 부산에 와서 레드 카펫을 밟는다. 영화제의 시작을 알리는 개막 작품과 마지막을 장식하는 ＿＿＿＿＿＿＿＿ 작품은 몇 초 만에 표가 다 매진돼 버릴 정도로 인기가 높다. 보고 싶은 영화가 있는데 예매를 못 했을 때는 그날 ＿＿＿＿＿＿＿＿ 에서 전체 좌석의 20%정도를 ＿＿＿＿＿＿＿＿ 할 때 사면 된다.

2) 충청남도 보령시에서 매년 여름 열리는 '보령머드축제'는 축제의 특성에 맞게 바닷가에서 머드팩을 하고 선탠을 하는 남녀의 모습을 ＿＿＿＿＿＿＿＿ (으)로 만들었다.

3) 4년에 한 번 열리는 전 세계인의 축제 올림픽의 ＿＿＿＿＿＿＿＿ 은/는 '더 빠르게, 더 높게, 더 힘차게(Citius, Altius, Fortius)'이다.

4) 경기도 가평군 자라섬에서 열리는 '자라섬재즈페스티벌'은 3일간의 축제 기간 동안 ＿＿＿＿＿＿＿＿ 들이 좀 더 편리하게 다양한 공연을 볼 수 있도록 하기 위해서 일정에 맞추어 원하는 기간만큼 사용할 수 있는 ＿＿＿＿＿＿＿＿ 와/과 ＿＿＿＿＿＿＿＿ 을/를 판매하고 있다. 또, 근처에 있는 캠핑장을 함께 이용할 수 있는 ＿＿＿＿＿＿＿＿ 도 판매한다.

2 다음에서 설명하는 단어를 〈나〉에서 찾아 쓰세요.

1) 행사나 모임을 계획해서 열다:

• 한국은 1988년 서울에서 올림픽을 성공적으로 _____ 한 후 경제적, 문화적으로 크게 발전할 수 있었다.

2) 극장, 영화관에서 영화를 관객들에게 보여주다:

• '전주국제영화제'에서는 평소 일반 극장에서는 보기 힘든 다양한 장르의 영화를 _____ 마니아들 사이에서 인기가 높다.

3) 음악, 무용, 연극 등을 많은 사람들에게 보여주다:

• 축제가 시작되기 전 인기 가수의 축하 _____ 이/가 있겠습니다.

4) 소리를 질러 응원하다, 하는 일이 잘되도록 응원하거나 도와주다:

• 우리 대표팀은 여러분의 _____ 덕분에 금메달을 딸 수 있었습니다.

5) 자신이 직접 해 보다, 직접 겪다:

• 그 작가는 자신의 _____ 을/를 연극으로 만들어 2, 30대 젊은 관객들에게 큰 인기를 얻고 있다.

6) 어떤 일이 일어나는 과정, 중간에 들어가다:

• 요즘 축제는 관객들이 보기만 하는 것이 아니라 작품이나 공연에 _____ 하게 해서 더 큰 재미를 주고 있다.

7) 상품이나 상금을 주다:

• 이번 축제 때 찍은 사진을 홈페이지에 올려주시면 1등을 뽑아 _____ 하겠습니다.

동사/형용사 + -았/었/했기(에) 망정이지
명사 + -이었/였기(에) 망정이지

가: 어머! 교통카드가 없네!

나: 여기 천 원짜리 있어. 내가 현금이 있었기에 망정이지 안 그랬으면 너 버스 못 탈 뻔했다.

-았/었/했기(에) 망정이지					
가다	갔기에 망정이지	있다	있었기에 망정이지	하다	했기에 망정이지

-이었/였기(에) 망정이지			
일요일	일요일이었기에 망정이지	휴가	휴가였기에 망정이지

  와 같이 한 문장으로 쓰세요.

보기

갑자기 소나기가 내렸다. 다행히 가방에 우산이 있어서 비를 맞지 않았다.

➡ 우산이 있었기에 망정이지 하마터면 비를 다 맞을 뻔했어요.

1) 후배들에게 밥을 사겠다고 하고 식당에 데리고 갔는데 지갑이 없었다. 다행히 가방 안에 신용카드가 한 장 있어서 계산을 할 수 있었다.

➡ _____

2) 앞차와 추돌 사고가 났다. 다행히 속도를 별로 내지 않았기 때문에 다친 사람은 없었다.

➡ _____

'~았/었/했길래 망정이지', '~았/었/했으니(까) 망정이지'로도 쓸 수 있어요!

: 우산이 있었기에 망정이지 = 있었길래 망정이지 = 있었으니(까) 망정이지

3) 아침에 눈을 떠 보니 배터리가 방전돼서 밤 사이에 핸드폰이 꺼져 있었다. 깜짝 놀라 벌떡 일어났는데 생각해 보니 휴가를 쓴 날이었다.

➡ _____

4) 건물에 불이 났다. 소화기가 있었기 때문에 큰 화재를 막을 수 있었다.

➡ _____

STEP 2 보기 와 같이 대화를 완성하세요.

보기 가: 이번 재즈페스티벌에 인기 가수들이 많이 출연한다면서요? 입장권 사기가 하늘의 별 따기였다던데 운 좋게 구하셨군요.
    나: 친구가 티켓을 미리 사 뒀기에 망정이지 안 그랬으면 못 갈 뻔했어요.

1) 가: 과제는 다 제출했어요?
   나: 덕분에 잘 끝냈어요. 미나 씨가 _____ 저 혼자서는 절대 끝낼 수 없었을 거예요. 정말 고마워요.

2) 가: 이번 폭우는 다행히 큰 사고 없이 지나갔네요.
   나: 네, 장마에 _____ 안 그랬으면 큰 피해를 입을 뻔했어요.

3) 가: 어제 축제는 재미있게 보고 왔어요?
   나: 네. 근데 예매한 티켓을 잃어버렸어요. 핸드폰에 _____ 못 들어 갈 뻔했어요.

4) 가: 다행히 오늘은 날씨가 좋네요. 이번 주 내내 비가 와서 공연이 취소될까 봐 걱정했는데.
   나: 그러게요. _____ 안 그랬으면 기대하던 공연을 못 봤을 거예요.

STEP 3 큰일날 뻔한 경험에 대해 친구와 이야기해 보세요.

지난달에 출장을 가는 날 늦잠을 잤어요. 씻지도 못하고 바로 공항 버스를 타러 뛰어갔어요. 정류장에 도착하자마자 버스가 와서 바로 탔기에 망정이지 안 그랬으면 비행기를 놓쳤을 거예요.

동사 + -(으)ㄴ/는 걸 보니(까)

형용사 + -(으)ㄴ 걸 보니(까)

명사 + -인 걸 보니(까)

가: 표가 다 매진인 걸 보니까 정말 볼 만한 영화인가 봐요.

나: 그러게요. 꼭 보고 싶었는데 아쉽네요.

	-(으)ㄴ 걸 보니까		-는 걸 보니까
하다	한 걸 보니까		하는 걸 보니까
	-(으)ㄴ 걸 보니까		-인 걸 보니까
흐리다	흐린 걸 보니까	매진	매진인 걸 보니까

STEP 1 보기 와 같이 알맞은 단어를 골라 쓰세요.

받다   창백하다   (하품을 하다)   얘기   봉사활동을 다니다   싸다

보기

민호 씨가 공부하면서 자꾸 하품을 하는 걸 보니 많이 피곤한 모양이에요.

1) 민수 씨가 지금 전화를 안 _____ 운전 중인가 봐요.

2) 미라 씨는 개와 고양이를 한 마리씩 키우면서 주말에 유기 동물 보호소에도 _____ _____ 동물을 무척 좋아하는 것 같아요.

3) 링링 씨가 어제 병가를 내고 쉬었다던데 오늘 출근해서도 계속 안색이 _____ 아직 몸이 안 좋은 모양이에요.

4) 토니 씨가 짐을 ＿＿＿＿＿＿＿＿＿＿ 어디 여행이라도 갈 건가 봐요.

5) 요즘 어딜 가도 그 드라마 ＿＿＿＿＿＿＿＿＿＿ 꽤 재미있긴 한가 봐요.

STEP 2 보기 와 같이 대화를 완성하세요.

보기

가: 길이 많이 막히는 걸 보니까 이 앞에서 사고가 난 것 같은데요.
나: 지각할 것 같은데 큰일 났네요. 내려서 지하철을 타고 갈까요?

1) 가: 요즘 지혜 씨가 ＿＿＿＿＿＿＿＿＿＿＿＿＿ 좋은 일이 있나 봐요.
   나: 소식 못 들었어요? 지난번 프로젝트 성과가 잘 나와서 다음 달에 부장으로 승진하게
      됐잖아요.

2) 가: ＿＿＿＿＿＿＿＿＿＿＿＿＿＿＿＿ 곧 비가 올 것 같아요.
   나: 아이고, 우산 안 가지고 나왔는데 얼른 집에 가야겠어요.

3) 가: 강아지가 ＿＿＿＿＿＿＿＿＿＿＿ 스트레스를 받나 봐요.
   나: 산책 시간을 더 늘려야겠어요.

4) 가: ＿＿＿＿＿＿＿＿＿＿＿＿＿＿＿＿ 축제가 시작됐나 봐요.
   나: 재미있을 것 같은데 우리도 빨리 가 봅시다.

5) 가: 세진 씨가 ＿＿＿＿＿＿＿＿＿ 인호 씨를 좋아하는 것 같아요.
   나: 그래요? 둘이 잘 어울리는 것 같아요.

STEP 3 주변 사람들에 대해 이야기해 보세요.

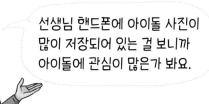

선생님 핸드폰에 아이돌 사진이
많이 저장되어 있는 걸 보니까
아이돌에 관심이 많은가 봐요.

동사 + -(으)ㄴ/는/(으)ㄹ 줄 알다/모르다
형용사 + -(으)ㄴ/-(으)ㄹ 줄 알다/모르다
명사 + -인 줄 알다/모르다

가: 와, 저 배우 연기 실력은 알고 있었는데 노래까지 잘하는 줄 몰랐네요.

나: 어머, 배우라고요? 저는 가수인 줄 알았어요.

-(으)ㄴ/는/(으)ㄹ 줄 알다/모르다

가다	간 줄 알다/모르다	가는 줄 알다/모르다	갈 줄 알다/모르다
많다		많은 줄 알다/모르다	많을 줄 알다/모르다

-인 줄 알다/모르다

수도	수도인 줄 알다/모르다	친척	친척인 줄 알다/모르다

STEP 1 보기 와 같이 이야기하세요.

보기 처음에 미나 씨를 만났을 때 일본 사람이 아닌 줄 알았는데 알고 보니 일본 사람이었어요.
미나 씨가 일본 사람인 줄 몰랐어요.

생각	사실
보기 미나 씨는 일본 사람이 아니에요.	일본 사람이었어요.
1) 그분은 선생님이 아닌 것 같아요.	선생님이에요.
2) 한국말 배우기가 쉬울 것 같아요.	생각보다 어려워요.

3) 학교가 멀 것 같아요.	걸어 다녀도 돼요.
4) 그 영화는 아마도 재미없어요.	재미있군요.
5) 민수 씨가 술을 잘 마실 것 같아요.	한 잔도 못 마셔요.
6) 로라 씨는 아마 기숙사에 살아요.	아야코 씨랑 같이 살아요.
7) 김 선생님은 아마도 결혼했어요.	다음 주에 결혼하실 겁니다.
8) 수업이 끝났을 겁니다.	수업 중이었어요.

STEP 2 **보기** 와 같이 문장을 완성하세요.

보기 비가 내리는 줄 모르고 우산을 안 챙겼어요.

1) 길이 _____ 늦게 출발했어요.

2) 토니 씨가 오늘 _____ 송별회를 못 해 줘서 너무 미안해요.

3) 너는 지금 내가 _____ 난 진심이거든.

4) 어른 모시기가 이렇게 _____ 시부모님과 같이 안 살았을 거예요.

5) 식당이 일찍 문을 _____ 헛걸음을 했다.

STEP 3 어떤 일을 하기 전에 생각했던 것이 하고 난 후의 생각과 많이 달랐던 경험을 이야기해 보세요.

제가 회사 면접 시험을 볼 때만 해도 이렇게 오랫동안 일하게 될 줄은 정말 몰랐어요. 2-3년 정도만 일하고 회사를 그만두고 나서 어렸을 때부터 하고 싶었던 세계 여행을 할 줄 알았는데, 이 회사에서 일한 지 벌써 10년이나 됐네요.

1) 취직하기 전 vs 지금

2) 어릴 때 vs 어른이 된 후

3) 어떤 사람을 처음 봤을 때 vs 그 사람을 알게 된 후

4) 무서웠던 일을 하기 전 vs 해 본 후

1 다음은 세계 여러 나라를 대표하는 축제입니다. 여러분은 어떤 축제에 대해 알고 있습니까?

독일 뮌헨 옥토버페스트

일본 삿포로 눈꽃 축제

영국 노팅힐 축제

몽골 나담 축제

이탈리아 베니스 카니발

태국 송크란 축제

2 자신의 고향이나 나라에서 유명한 축제에 대해 친구와 이야기해 봅시다.

	나	친구
축제명		
축제 기간		
축제 장소		
내용		

다음 축제 안내문을 하나씩 나눠 읽고 친구에게 간단히 소개해 봅시다.

고양국제꽃박람회

1. **기간**: 매년 4월 말~5월 초
2. **장소**: 경기도 고양시 일산 호수공원
3. **입장료**: 성인 1만 원, 어린이 7천 원
   단체 예매는 2천 원 할인
4. **프로그램**
   * 개막식, 폐막식 축하 공연
   * 해외 40개국 150업체, 국내 160개
     업체의 꽃 전시
   * 전통 꽃꽂이 대회, 꽃 장식 콘테스트, 꽃 그림 그리기 대회
   * 화분 만들기, 도자기 체험, 꽃꽂이 체험, 농촌 체험, 한지 공예 체험 등

1997년부터 매년 봄 개최하고 있는 고양 꽃 박람회는 세계 40여 개국의 꽃 문화 산업을 한자리에서 볼 수 있는 축제입니다. 동양 최대의 인공 호수인 일산 호수 공원에서 진행되어 일반인들에게는 봄을 느낄 수 있는 나들이 장소로 그만이고, 꽃 산업 종사자들에게는 세계적 수준의 상품과 회사를 한자리에서 만날 수 있는 박람회로 유명합니다. 언제나 여러분의 삶 속에 꽃의 향기가 함께하는 날들이 계속되시길 바라며 올봄 고양국제꽃박람회에 여러분을 초대합니다.

서울국제불꽃축제

1. **기간**: 매년 10월 중 토요일 하루
2. **장소**: 여의도 한강시민공원
3. **입장료**: 없음 (무료)
4. **프로그램**
   * 역대 불꽃 축제 사진 전시, 불꽃 체험
   * 라디오 공개방송
   * 개막식
   * 각 나라의 불꽃놀이
   * 불꽃 축제 사진 콘테스트
     불꽃 축제 때 직접 찍은 사진을 홈페이지에 올려 주세요. 30분을 뽑아 대상 200만 원, 금상 100만 원, 은상 50만 원 등 푸짐한 상금을 드립니다.

2000년부터 시작한 서울국제불꽃축제는 한국, 일본, 중국, 미국, 캐나다, 싱가포르, 포르투갈, 호주, 이탈리아 등 세계의 환상적인 불꽃놀이를 한강의 아름다운 야경과 함께 감상할 수 있는 낭만적인 축제입니다. 1년에 딱 한 번, 밤하늘에 펼쳐지는 아름다운 불꽃을 감상하러 여의도로 오세요!

안동국제탈춤페스티벌

1. **기간**: 매년 9월~10월 중 일주일간
2. **장소**: 경상북도 안동시 하회마을
3. **입장료**: 일반 8천 원(단체 7천 원)
   학생 6천 원(단체 5천 원)
4. **프로그램**
   * 대만, 이스라엘, 태국, 우즈베키스탄, 인도, 필리핀, 말레이시아, 중국 등 탈춤 공연
   * 세계 탈놀이 대회
   * 마당극, 한국 탈춤
   * 안동 민속 축제, 안동 전통 인형극
   * 하회마을 체험 행사

안동 하회마을은 유네스코(UNESCO)에서 지정한 세계문화유산으로 한국적인 아름다움을 그대로 지키고 있는 곳입니다. 안동은 오래전부터 수준 높은 고유의 문화를 이루면서 다른 지역의 우수한 문화 또한 적극적으로 받아들여 특별한 문화를 만들어 왔습니다. 세계문화유산다운 우아한 아름다움과 함께 탈춤을 통해 표현되는 활기찬 매력을 모두 가진 안동! 탈춤 페스티벌에 오셔서 안동의 매력에 푹 빠져 보시기 바랍니다.

자라섬 국제 재즈페스티벌

1. **기간**: 매년 9, 10월 중 3일간
2. **장소**: 경기도 가평군 자라섬
3. **입장료**: 예매 필수
   * 1일권 8만 원, 2일권 14만 원
     3일권 18만 원(선착순 500매 16만 원)
   * 현장 판매 1일권 일반 9만 원,
     청소년 5만 원
4. **프로그램**
   * 국내·외 뮤지션 36개 팀과 아마추어 밴드 45개 팀
   * 관객과 예술가의 만남
   * 가평군과 관객이 함께하는 플리마켓
   * 국내 최대 규모 자라섬 캠핑장 이용 가능

2004년, 비만 오면 물에 잠겨 아무도 찾지 않았던 자라섬에서 첫 재즈페스티벌이 열렸습니다. 이제 자라섬 페스티벌은 매년 15만여 명의 관객이 찾는 세계적인 재즈 축제가 되었습니다. 자라섬 페스티벌은 재즈 공연뿐만 아니라 대회를 함께 개최하여 실력 있는 젊은 예술가를 찾아내고 있습니다. 또한 국내 최대 규모의 캠핑장에서 자연을 즐기며 재즈를 감상할 수 있습니다.

서울국제공연예술제

1. **기간**: 매년 9월~10월 중 한 달간
2. **장소**: 대학로, 서강대, 서울역 등
3. **입장료**: 공연 좌석별로 1~10만 원대로 다양
   * 글로벌 패키지
      : 영어 자막이 제공되는 6개 공연을 모두
        구매하면 35% 할인
   * 자유 패키지
      : 공연 5개 이상 구매시 30% 할인
   * 마니아 패키지
      : 12개 해외 초청작 패키지 50% 할인
   * 한 작품씩 따로 티켓 구입 가능
4. **프로그램**
   * 다양한 나라(한국, 독일, 이탈리아, 프랑스 등)의 40여 작품
   * 무용 13편, 연극 12편, 복합 장르 12편 등
   * 젊은 비평가상 시상식
   * 예술가와의 대화

세계의 관객을 놀라게 한 작품들이 서울에 모입니다. 2001년부터 시작된 서울국제공연예술제는 매년 가을 모든 공연 예술 장르의 국내외 우수 작품을 만날 수 있는 기회입니다. 여러분은 축제가 펼쳐지는 동안 잠시 일상을 잊고 즐겨 주세요. 예술의 향기가 여러분의 삶에 에너지가 될 것입니다.

1 고양국제꽃박람회는 일반인과 꽃 산업 종사자들에게 각각 어떤 장점이 있다고 했습니까?

2 '불꽃 축제 사진 콘테스트'의 내용을 설명해 주세요.

3 안동국제탈춤페스티벌이 열리는 장소인 안동의 특징을 이야기해 주세요.

4 자라섬 재즈페스티벌이 열리는 자라섬은 원래 어떤 곳이었습니까?

5 서울국제공연예술제에 가면 어떤 장르의 작품을 만날 수 있습니까?

읽기 연습

1 알맞은 것을 고르세요.

1) 4월 말 　　　　① 4월 1일~10일 　　　　② 4월 21일~30일

2) 5월 초 　　　　① 5월 1일~10일 　　　　② 5월 21일~30일

3) 12월 중순 　　　① 12월 1일~10일 　　　② 12월 15일 전후

4) 90년대 초반 　　① 1991년~1994년 　　② 1996년~1999년

2 다음 빈칸에 알맞은 단어를 골라 쓰세요.

수-　　　　-여　　　　무려　　　　불과

1) 부산국제영화제를 보러 ＿＿＿＿＿＿＿ 만 명의 관광객이 부산을 찾았습니다.

2) 자라섬 재즈 페스티벌에 ＿＿＿＿＿＿＿ 152,540명의 관객이 왔다.

3) 서울 국제 불꽃 축제에 약 100,000 ＿＿＿＿＿＿＿ 명의 관람객이 왔다고 한다.

4) 공연이 ＿＿＿＿＿＿＿ 10분도 되지 않아 끝나 버렸다.

-간　　　　만　　　　당시　　　　직전　　　　직후

5) 탈춤 페스티벌은 이번 주 월요일부터 일요일까지 일주일 ＿＿＿＿＿＿＿ 열린다.

6) 우리 고향에서 처음 축제를 시작할 ＿＿＿＿＿＿＿ 에는 이렇게 크게 성공할 줄 아무도 몰랐다.

7) 이번 축제에 10년 ＿＿＿＿＿＿＿ 에 프랑스 대표팀이 참가한다.

8) 공연을 시작하기 ＿＿＿＿＿＿＿ 에 유명한 감독과 배우들이 도착해서 관객들이 사진을 찍느라 공연 시간이 좀 늦춰졌다. 공연이 끝난 ＿＿＿＿＿＿＿ 에는 감독과 배우들의 사인회가 시작되었다.

3 반대 의미끼리 연결하세요.

1) 동양 · · 최소

2) 최대 · · 자연

3) 인공 · · 서양

4) 푸짐하다 · · 부족하다

5) 필수 · · 선택

6) 아마추어 · · 전문가

4 [보기] 에서 빈칸에 알맞은 단어를 골라 쓰세요.

[보기]

개최하다   나들이   체험   공개방송   한자리   진행되다

안동 시장에서 '안동 찜닭 축제'를 1) _____. 안동을 대표하는 음식인 찜닭, 간고등어,
안동 식혜를 2) _____ 에서 즐길 수 있는 이번 축제는 10월 7일 토요일 하루만
3) _____. 가수들의 축하 공연, 라디오 4) _____, 찜닭 만들기
5) _____ 등 다양한 행사도 준비되어 있어 가족이나 연인과 6) _____
코스로 딱 좋습니다. 이번 주말은 찜닭 축제 보러 안동으로 놀러 오세요!

Track 5-02

1 서울시에서 소개한 봄꽃 길은 몇 곳이고 전체 거리는 몇 km라고 합니까?

: 공원, 도로변, 하천변 _____ 곳, _____ km

2 들은 내용과 다른 것을 고르세요.

1) 최근 공원 등의 야외에서 시민들의 옷차림이 가벼워진 것을 볼 수 있다.

2) 이번에 선정된 꽃길 중 공원 내 꽃길이 가장 많다.

3) 서울의 봄꽃 길 근처에는 문화 공간과 맛집이 많아 나들이 코스로 그만이다.

4) 기상청에 따르면 벚꽃은 4월 1일에 개화해 4월 7일쯤 만개할 전망이다.

3 뉴스를 잘 듣고 보기 에서 어떤 꽃 축제 장소인지 골라 쓰세요.

보기

벚꽃   철쭉   유채꽃   개나리

1) _____ 축제 – 석촌 호수

(지하철 2, 8호선 잠실역, 8호선 석촌역)

2) _____ 축제 – 응봉산

(3호선 금호역, 5호선 신금호역)

3) _____ 축제 – 불암산

(4, 7호선 노원역)

4) _____ 축제 – 서래섬

(3, 7, 9호선 고속터미널역)

쓰기

소개하고 싶은 축제의 안내문을 만드세요.

행사명	
행사 기간	
장소	
티켓	
프로그램	
사진과 설명	

종합 연습

1 다음 단어에 대한 설명으로 알맞은 것을 연결하세요.

1) 개막 ·　　　　　　　　　· 오직 그것뿐, 겨우 ~만

2) 폐막 ·　　　　　　　　　· 축제나 행사를 시작함

3) 매진 ·　　　　　　　　　· 축제나 행사를 끝냄

4) 단- ·　　　　　　　　　· 아주 크고 대단하다, 훌륭하다

5) 굉장하다 ·　　　　　　　· 극장에서 영화를 보여 주다

6) -여 ·　　　　　　　　　· 하나도 남지 않고 모두 다 팔림

7) 상영되다 ·　　　　　　　· 표를 파는 곳

8) 매표소 ·　　　　　　　　· 그 수를 넘음 예) 20__ 명, 10__ 개

2 다음 일기를 읽고 맞춤법이 틀린 외래어를 찾아 바르게 고치세요. (총 5개)

20○○년 6월 9일

예전에 빠리에서 일할 때 알고 지냈던 친구에게서 연락이 왔다. 출장 때문에 한국에 왔다가 오랜만에 얼굴도 볼 겸 만나자고 한 것이다. 까페에서 만나 쥬스를 마시면서 이야기를 나눴다. 친구가 프랑스에서도 치맥이 인기라면서 먹고 싶다고 하길래 맛집 추천 앱에 서비스는 물론 맛도 있다고 소개된 음식점을 찾아갔다. 후라이드 치킨에 맥주 한 잔 마시며 오랜만에 수다를 떨었다. 헤어지기 전에 친구는 선물이라면서 작은 상자를 줬는데 열어보니 내가 좋아하는 프랑스 초콜릿이 들어있었다. 스케쥴도 바쁠 텐데 잊지 않고 연락해 준 친구가 너무 고마웠다.

틀린 맞춤법

1) _____
　→_____

2) _____
　→_____

3) _____
　→_____

4) _____
　→_____

5) _____
　→_____

3 [보기] 에서 알맞은 것을 골라 아래 대화를 완성하세요.

[보기]

-았/었/했기(에) 망정이지   -(으)ㄴ/는/(으)ㄹ줄 알다/모르다

-(으)ㄴ/는 걸 보니까   체험   매진   개최   현장   상영

가 바람이 따뜻하게 1) _____ 이제 진짜 봄이 온 것 같네요. 날씨도 좋은데 주말
　　에 어디 나들이라도 갈까요?

나 좋죠. 다음 주부터 전주에서 영화제를 한다고 하던데 거기 가 볼까요?

가 전주에서 영화제요? 영화제는 부산에서만 2) _____ .
　　전주에서도 영화제가 있군요.

나 네, 전주에서는 매년 봄에 영화제가 3) _____ 되는데 상업적인 작품
　　보다는 독립 영화나 예술 영화 중심의 영화제예요. 매년 40여 개국 200편 이상의 작품이
　　4) _____ 되는 큰 규모의 영화제예요.

가 와! 어떻게 그렇게 자세히 알아요?

나 친구가 전주 국제영화제 운영팀에 있는데 홍보 많이 해 달라고 부탁했거든요. 근데 전주는 영
　　화제가 아니더라도 정말 매력이 넘치는 곳이에요.

가 맞아요. 전주에는 한옥 마을도 있죠? 사진으로만 봤는데 꼭 한 번 가 보고 싶었어요. 한옥에
　　서 여러 가지 5) _____ 도 할 수 있다던데요?

나 맞아요. 저도 전에 가서 한지 공예랑 보자기 만들기를 한 적이 있어요. 비빔밥 같은 한국 전통
　　음식을 만들어 볼 수 있는 1일 요리 수업도 있을 거예요.

가 재미있겠는데요! 지금 바로 기차를 예약할게요! 어머! KTX가 거의 6) _____
　　인데요. 딱 두 자리밖에 안 남았어요. 지금 7) _____
　　조금만 늦었으면 못 갈 뻔했어요.

💡 틀리기 쉬운 외래어

1 아래 가게의 이름을 맞춤법에 맞게 쓰려면 어떻게 고쳐야 할까요?

1) McDonald's   2) 김밥cafe   3) Paris Baguette

   :맥도날드   :김밥 까페   :파리 바게뜨

2 어떻게 쓰고 읽는 것이 맞을까요?

1) 짜장면 / 자장면
   파리 바게뜨 / 파리 바게트
   째즈 / 재즈
   써비스 / 서비스
   돈까쓰 / 돈가스
   빠리 / 파리
   까페 / 카페

2) 후라이드 치킨 / 프라이드 치킨
   화이팅 / 파이팅
   환타지 / 판타지

3) 플래쉬 / 플래시
   리더쉽 / 리더십
   브러쉬 / 브러시

4) 인디안 / 인디언
   센타 / 센터
   맥도날드 / 맥도널드

5) 쥬스 / 주스
   텔레비젼 / 텔레비전
   스케쥴 / 스케줄
   쟝르 / 장르

외래어 표기법
1) 받침에는 'ㄱ, ㄴ, ㄹ, ㅁ, ㅂ, ㅅ, ㅇ'만 쓴다.
2) 된소리 'ㅃ', 'ㄸ', 'ㄲ'를 쓰지 않는 것을 원칙으로 한다. (예외: 짜장면, 짬뽕, 껌)
3) '쟈, 져, 죠, 쥬, 챠, 쳐, 쵸, 츄'를 사용하지 않는다.
4) f, p는 'ㅍ'으로 쓴다. (예외: 환타, 후지산)

3 한국어로 어떻게 읽고 써야 맞을까요?

케찹 / 케첩

더 바디샵 / 더 바디숍

로케트 / 로켓

콘칲 / 콘칩

오리지날 / 오리지널

포테토칩 / 포테이토칩

초콜렛 / 초콜릿

소세지 / 소시지

악세사리 / 액세서리

어휘

- ☐ 개막
- ☐ 폐막
- ☐ 매표소
- ☐ 통합
- ☐ 권
- ☐ 현장
- ☐ 마스코트
- ☐ 표어
- ☐ 개최하다
- ☐ 성원하다
- ☐ 시상하다
- ☐ 장식하다
- ☐ 특성
- ☐ 머드팩
- ☐ 선탠
- ☐ 힘차다
- ☐ 마니아
- ☐ 무용
- ☐ 과정

문형 연습

- ☐ 소나기
- ☐ 추돌
- ☐ 방전되다
- ☐ 벌떡
- ☐ 소화기
- ☐ 화재
- ☐ 하늘의 별 따기
- ☐ 폭우
- ☐ 둘러보다
- ☐ 보호소
- ☐ 병가
- ☐ 송별회
- ☐ 진심

읽기

- ☐ 안내문
- ☐ 박람회
- ☐ 말

- ☐ 초
- ☐ 개막식
- ☐ 폐막식
- ☐ 업체
- ☐ 꽃꽂이
- ☐ 콘테스트
- ☐ 도자기
- ☐ 농촌
- ☐ 한지
- ☐ 공예
- ☐ 한자리
- ☐ 동양
- ☐ 인공
- ☐ 호수
- ☐ 그만이다
- ☐ 종사자
- ☐ 향기
- ☐ 역대
- ☐ 공개
- ☐ 불꽃놀이
- ☐ 푸짐하다
- ☐ 환상
- ☐ 낭만
- ☐ 펼쳐지다
- ☐ 패키지
- ☐ 자막
- ☐ 초청
- ☐ 복합
- ☐ 비평가
- ☐ 우수하다
- ☐ 유네스코
- ☐ 세계문화유산
- ☐ 고유
- ☐ 우아하다
- ☐ 필수
- ☐ 뮤지션
- ☐ 아마추어
- ☐ 플리마켓

- ☐ 규모
- ☐ 한여름

읽기 연습

- ☐ 중순
- ☐ 전후
- ☐ 수-
- ☐ 불과
- ☐ 간고등어
- ☐ 직전
- ☐ 직후

듣기

- ☐ 도로변
- ☐ 하천변
- ☐ 옷차림
- ☐ 기상청
- ☐ 개화하다
- ☐ 만개하다
- ☐ 철쭉
- ☐ 유채꽃
- ☐ 개나리

Jump Page

- ☐ 외래어
- ☐ 판타지
- ☐ 플래시
- ☐ 리더십
- ☐ 브러시
- ☐ 인디언
- ☐ 된소리
- ☐ 원칙

대화

- ☐ 개막작
- ☐ 만만하다

종합 연습

- ☐ 상업
- ☐ 독립

unit 6
문학

- 기(가) 일쑤다
- 느니
- 는 둥 마는 둥 (하다)

Track 6-01

조앤 씨는 평소에 책을 많이 읽는 편이에요?

아니요, 요즘 회사 일이 바빠서 집에 늦게 가니까 자기 전에 책을 좀 보려고 해도 그냥 잠들어 버리기 일쑤예요.

저도 마찬가지예요. 괜찮은 책이라고 해서 사도 늘 읽는 둥 마는 둥 하니까 책을 한 권 다 완벽하게 읽은 게 언제인지 기억도 잘 안 나네요.

요즘 사람들은 대부분 그런 것 같아요. 책을 한 권 사느니 그 돈으로 외식이나 한 번 더 하는 게 낫다고 생각하는 사람도 많은 것 같고요. 그래서 점점 감정이 메말라 가는 것 같아요.

그래서 요즘 '문학 치료'라는 게 있대요. 학교 선생님인 제 친구한테 들었는데 청소년들에게 좋은 문학을 접하게 해서 스트레스나 고민을 해소할 수 있게 하는 방법이래요. 처음에는 책을 읽는 것에 대해 거부감을 느끼던 학생들도 점점 흥미를 느끼고 긍정적인 반응으로 바뀌었대요.

재미있는 책을 읽으면서 자연스럽게 마음의 문제를 해결할 수 있다면 정말 좋겠네요.

1 조앤과 다니엘은 평소에 책을 많이 읽습니까?

2 조앤은 요즘 사람들이 책에 대해 어떻게 생각한다고 했습니까?

3 '문학 치료'란 무엇입니까?

어휘 및 표현

거부감

1 다음은 문학의 장르에 대한 설명입니다. 알맞은 것을 골라 연결하세요.

1) 시   ·   · 길이가 짧은 소설

2) 장편 소설 ·   · 길이가 긴 소설

3) 단편 소설 ·   · 연극을 하기 위해 쓴 글

4) 수필   ·   · 예술 작품에 대해 평가하는 글

5) 희곡   ·   · 일상생활에서의 느낌이나 체험을 쓴 글

6) 비평   ·   · 자연이나 인생에 대한 느낌이나 생각을 짧고 리듬감 있게 표현한 글

2 보기 에서 설명에 맞는 단어를 골라 문장을 완성하세요.

보기

작가	독자	출판사	베스트셀러	고전
줄거리	등장인물	주제	배경	호평	악평

1) 문학 작품, 사진, 그림, 조각 등 예술품을 만드는 사람:

• 요즘은 대형 서점에서 새 책이 나올 때 책을 쓴 _____ 을/를 초대해서 인터뷰하는 이벤트를 자주 연다.

2) 좋은 평가:

• 김 감독의 이번 영화는 국내외에서 _____ 을/를 받으며 여러 상을 수상했다.

3) 나쁜 평가:

• 아이돌 출신의 연기자가 처음 드라마에 출연하면 대부분 연기력이 부족하다는 _____ 을/를 듣는다.

4) 책, 신문, 잡지 등 글을 읽는 사람:

• 저 소설가는 젊은 _____ 들에게 큰 사랑을 받고 있는 작가이다.

5) 작품 속의 시간, 장소 등의 상황:

• 그 소설은 100년 전 서울을 _____ (으)로 젊은 남녀의 사랑 이야기를 하고 있다.

6) 오랫동안 많은 사람에게 읽힐 만한 문학 작품:

• 그 시는 발표된 지 100년도 넘었지만 한국인이라면 누구나 알고 있는 아름다운 _____
(이)다.

7) 예술 작품을 통해 작가가 이야기하려고 하는 것:

• 이 소설의 _____ 은/는 남녀 차별을 없애자는 것이다.

8) 문학 작품이나 영화, 드라마의 전체적인 내용을 간단히 쓴 것:

• 인기 드라마의 홈페이지에 들어가 보면 방송된 각 날짜에 어떤 내용이 있었는지 간단한
_____ 을/를 읽어 볼 수 있다.

9) 작품에 나오는 사람:

• 한국 드라마에서는 착하고 성실한 주인공을 방해하는 _____ 이/가 나오는
경우가 많다.

10) 책을 만들어 내는 회사:

• 대학교 때 _____ 에서 책을 만들 때 틀린 글자가 없는지 확인하는 아르바이트
를 했어요.

11) 어떤 기간에 가장 많이 팔린 물건. 인기 상품:

• 가난한 주부였던 조앤 롤링은 '해리포터'라는 소설 하나로 세계적인 _____
작가가 되었다.

3 여러분이 읽은 문학 작품에 대해 위의 단어를 사용하여 소개해 주세요.

동사 + -기(가) 일쑤다

가: 집에 우산이 왜 이렇게 많아요?

나: 우산 챙기는 걸 깜박하기 **일쑤라서** 비가 올 때마다 하나씩 샀거든요.

-기(가) 일쑤다

잃어버리다	잃어버리기가 일쑤다	먹다	먹기가 일쑤다

STEP 1 알맞은 단어를 골라 보기 와 같이 쓰세요.

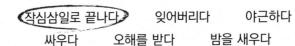

작심삼일로 끝나다　　잊어버리다　　야근하다
싸우다　　오해를 받다　　밤을 새우다

보기

담배를 꼭 끊겠다고 결심했지만 늘 작심삼일로 끝나기 일쑤예요.

1) 우리 아이는 몇 번을 말해 줘도 _____

2) 진호는 요즘 게임에 빠져서 아침까지 게임하느라 _____

3) 회사 일이 눈코 뜰 새 없이 바빠서 _____

4) 그 두 사람은 처음에는 하루가 멀다 하고 _____ 지금은 가장
가까운 친구가 됐어요.

5) 지현 씨는 첫인상이 차가운 편이라서 성격이 나쁠 거라는 _____

STEP 2 보기 와 같이 대화를 완성하세요.

> 보기
>
> 가: 요즘 밤에 잠이 안 와서 잠을 설치기 일쑤예요.
> 나: 힘들겠네요. 운동을 좀 하고 자 보지 그래요?

1) 가: 저는 건망증이 심해서 _____
   나: 하하, 저도 그렇게 잃어버린 물건이 많아요.

2) 가: 쇼핑을 하러 갈 때에는 꼭 사야 할 물건을 적어 가는 것이 좋아요.
   나: 맞아요. 계획 없이 그냥 가면 _____

3) 가: 식사는 잘하세요?
   나: 아니요, 혼자 사니까 _____

4) 가: 유진 씨는 동생과 사이가 참 좋아 보이는데 어렸을 때부터 그랬어요?
   나: 어렸을 때는 사소한 일로 자주 다퉈서 부모님께 _____
   나이가 드니까 서로 의지하게 되는 것 같아요.

5) 가: 아이에게 너무 공부하라고 잔소리를 하면 오히려 _____
   나: 맞아요. 우리 집 아이들도 귀에 못이 박히겠다고 싫어하더라고요.

STEP 3 고쳐야 한다고 생각하지만 고치지 못한 나쁜 버릇이 있나요?

> 저는 아침 잠이 많아서 학교에 지각하기 일쑤예요. 졸업을 한 후에도 그 버릇을 고치지 못해서 회사에도 자주 지각을 하곤 해요. 그래서 상사에게 야단을 맞기 일쑤예요.

동사 + -느니

가: 점원한테 물어봤는데 지금 식당 대기 줄이 길어서 한 시간은 기다려
　야 한대요.
나: 한 시간을 기다리**느니** 그냥 다른 데 가는 게 낫겠어요.

-느니

| 가다 | 가느니 | 먹다 | 먹느니 | 살다 | 사느니 |

STEP 1 보기 와 같이 쓰세요.

보기

모르는 문제가 많다고 시험을 포기하느니 최선을 다해서 아는 데까
지 풀어 보는 게 낫다.

1) 조건만 보고 결혼하느니 _____

2) 연습을 제대로 못하고 대회에 나가느니 _____

3) 마음이 맞지 않는 사람과 같이 일하느니 _____

4) 두 시간을 통근하느니 _____

5) 나중에 후회하느니 _____

STEP 2 [보기]와 같이 대화를 완성하세요.

[보기]

가: 너무 힘들다. 대충 사고 좀 집에 가면 안 돼?
나: 대충 사느니 안 사는 게 낫지. 조금만 더 보고 가자.

1) 가: 차가 또 고장났는데 다시 수리를 받을까?

　　나: ＿＿＿＿＿＿＿＿＿＿＿＿＿＿＿＿＿＿＿＿＿＿＿＿

2) 가: 진수 씨랑 싸운 지 벌써 2주일이나 지났죠? 먼저 미안하다고 하세요.

　　나: ＿＿＿＿＿＿＿＿＿＿＿＿＿＿＿＿＿＿＿＿＿＿＿＿

3) 가: 동료들이 다 퇴사해 버려서 제 일은 늘었는데 월급은 그대로예요.

　　나: ＿＿＿＿＿＿＿＿＿＿＿＿＿＿＿＿＿＿＿＿＿＿＿＿

4) 가: 이 공연을 꼭 보고 싶긴 한데 남은 자리가 맨 뒷자리밖에 없어.

　　나: ＿＿＿＿＿＿＿＿＿＿＿＿＿＿＿＿＿＿＿＿＿＿＿＿

5) 가: 길이 너무 막히는데? 차들이 꼼짝도 안 하네.

　　나: ＿＿＿＿＿＿＿＿＿＿＿＿＿＿＿＿＿＿＿＿＿＿＿＿

두 가지 중 어떤 것을 선택하는 게 나을까요? 친구와 이야기하세요.

입맛에 안 맞는 음식으로
배를 채우느니 그냥 굶겠어요.

저는 아무것도 안 먹고 힘들게
굶느니 입맛에 안 맞는 음식이
라도 조금 먹어 보겠어요.

1) 입맛에 안 맞는 음식을 먹는다 :
   그냥 굶는다

2) 적성에 안 맞는 공부를 계속한다 :
   자퇴하고 재수해서 다른 과로 입학한다

3) 일을 그만두고 배우자를 따라 다른
   지역으로 간다 : 주말 부부로 지낸다

4) 대출을 받아서 집을 산다 :
   월세 집에서 좀 더 산다

5) 월급이 적은 일을 시작한다 :
   1~2년 정도 취업 준비를 더 한다

6) _____ :

문형 연습 3

동사 + -는 둥 마는 둥 (하다)

가: 요즘 호영 씨가 자주 지각을 하고 수업도 듣는 둥 마는 둥 하는데 무슨 걱정이라도 있는 걸까요?

나: 요즘 너무 바빠서 정신이 없다더니 많이 힘든가 봐요.

-는 둥 마는 둥 (하다)

자다	자는 둥 마는 둥	먹다	먹는 둥 마는 둥	만들다	만드는 둥 마는 둥

STEP 1 와 같이 대화를 완성하세요.

보기

가: 아이들이 이제 고등학생이니까 엄마, 아빠가 시키지 않아도 할 일을 알아서 잘하죠?

나: 잘하기는요. 제가 집에 없으면 세수도 하는 둥 마는 둥 하고 하루 종일 게임만 해요.

1) 가: 계속 하품을 하는데 어제 잠을 잘 못 잤어요?

　　나: 네, 어제 옆집에서 들리는 음악 소리 때문에 시끄러워서 _____ 했거든요.

2) 가: 요즘 태주 씨가 무슨 고민이 있나 봐요.

　　나: 그런 것 같지요? 오늘 사무실에서도 한숨만 계속 쉬고 일도 _____ 하더라고요.

3) 가: 오늘 좀 늦게 오셨네요.

　　나: 네, 늦잠을 자서 허둥지둥 나오느라 머리도 _____ 하고 나왔어요.

4) 가: 두 분이 맞벌이를 하신다면서요?

　　나: 맞아요. 둘 다 늘 퇴근이 늦다 보니 피곤해서 _____ 그래서 집안이 엉망이에요.

5) 가: 야! 너 왜 내 말을 _____

　　나: 어, 미안해. 잠깐 다른 생각을 하고 있었어. 뭐라고 했어?

6) 가: 민호 씨 배에서 꼬르륵 소리가 나요.

　　나: 점심을 _____

STEP 2　**보기** 와 같이 쓰세요.

　　민호 씨가 연애를 시작한 후에 좀 이상해진 것 같아요. 우선 회사에 와서도 **보기** 일을 하는 둥 마는 둥 해요. 그리고 여자 친구 이외에 다른 친구들의 전화를 1) _____. 중요한 회의 시간에도 항상 여자 친구 생각에만 푹 빠져 있어서 집중을 못 하는 것 같아요. 상사가 중요한 지시를 내려도 2) _____.

　　요즘 우리 아이는 사춘기가 시작되어서 그런지 생활 태도가 너무 나빠졌어요. 옛날에는 시키지 않아도 일찍 일어나서 아침을 잘 먹더니 요즘은 매일 늦잠을 자고 아침도 3) _____. 학교에 갔다가 돌아와서도 저에게 4) _____ 바로 자기 방으로 들어가서 문을 잠가 버려요. 아이와 대화할 시간이 필요한데 어떻게 하면 좋을까요?

　　오늘은 회사에서 중요한 회의가 있는 날인데 늦잠을 자 버렸어요. 어젯밤 늦게까지 회의 준비를 했는데 발표 생각을 하니 걱정이 돼서 5) _____ 제시간에 일어나지 못한 것 같아요. 급하게 씻고 아침을 먹는데 같이 사는 친구가 왜 이렇게 방이 더럽냐며 잔소리를 해서 밥을 6) _____ 그냥 집에서 나와 버렸어요. 그렇게 얘기하는 친구도 요즘 회사일이 바빠서 7) _____ 왜 나한테 잔소리를 하는지 모르겠어요. 운전을 하고 가는데 갑자기 배가 너무 아파서 견딜 수가 없었어요. 다행히 회의 시간은 오후라서 일단 근처에 있는 병원으로 가서 빨리 진찰 좀 해 달라고 했는데 의사랑 간호사는 저를 8) _____. 화가 나서 그냥 병원에서 나와 버렸어요. 회사에 갔더니 사장님께서 왜 지각을 하냐면서 그렇게 일을 9) _____ 사표를 내라고 야단을 치셨어요. 아, 오늘은 정말 되는 일이 없는 하루예요.

최근에 어떤 일을 제대로 못한 적이 있어요? 친구와 이야기하세요.

어제 아침에 늦게 일어나서 씻는 둥 마는 둥 하고
급하게 집에서 나왔는데 알고 보니 쉬는 날이었어요.

시를 가사로 한 노래에는 어떤 것이 있습니까? 또는 시처럼 가사가 아름다운 가요를 알고 있습니까?
소개해 주세요.

김소월
(1902년 9월 7일~1934년 12월 24일)

데뷔 1920년 시 '낭인의 봄'
수상 1981년 금관문화훈장
        1999년 한국예술평론가협의회
        한국을 빛낸 20인 예술인 선정

대중문학

: 순수문학, 지식인 문학의 반대
예술적 가치보다는 재미를 중심으로 하여 대중이 부담 없이 읽을 수 있는 문학

위의 글은 '대중문학'에 대한 사전적 설명이다. 말 그대로 문학이 뭔가 어렵고 딱딱하고 재미없다고 느끼는 사람들도 쉽고 재미있게 읽을 수 있는 문학을 말한다. 원래 문학은 예술적인 가치를 추구하는 것이기 때문에 그것을 읽고 이해하기 위해서는 상당한 교양이 있어야 하지만 대중문학은 그런 부담 없이 읽을 수 있는 연애 소설, 추리소설 등을 뜻한다.

때문에 대중문학과 반대 개념인 순수문학은 예술적인 가치가 높은 것, 일반 대중이 이해하기에는 조금 어렵고 지루한 것이라는 느낌이 강했다. 그러나 책 이외의 다양한 매체의 발달로 인해 콧대 높은 순수문학도 여러 가지 방식으로 대중들에게 다가가고자 노력하고 있다.

가장 대표적인 예는 컴퓨터나 스마트폰으로 이용할 수 있는 전자책이다. 전자책은 독자 입장에서 일반 책에 비해 가격이 저렴하고 무게가 나가지 않아 언제 어디서나 쉽게 접할 수 있으며 수납 공간을 차지하지 않는다는 점에서 편리하다. 출판사 입장에서도 제작비와 유통비를 절약할 수 있고 업데이트가 쉽다는 장점이 있다. 초기에는 책이 출판된 후 반응이 좋으면 전자책으로 만들었는데 최근에는 스마트폰 사용자가 늘면서 책과 전자책을 동시에 내거나 아예 전자책 전용으로 출판하는 문학 작품들도 늘고 있다.

기형도(1960~89 · 시인) 봇 @KiHyungDo_Bot
오후 6시 우리들 이마에도 아, 붉은 노을이 떴다. 그러면 우리는 어디로 가지? 아직도 펄펄 살아 있는 우리는 이제 각자 어디로 가지

김수영(1921~68 · 시인) 봇 @kim_sooyung_Bot
풀이 눕는다. 바람보다도 더 빨리 눕는다. 바람보다도 더 빨리 울고 바람보다도 먼저 일어난다.

또 하나의 방식은 '트위터러처(Twitterature)'이다. 트위터러처는 트위터(twitter- 현 X)와 문학(literature)을 합하여 만든 신조어로 트위터를 이용하여 문학 작품을 즐긴다는 의미이다. 대표적인 트위터러처로는 '문학봇'이 있는데 관심이 있는 작가나 문학 장르의 문학봇 계정을 팔로우하면 그와 관련된 문학 작품을 손쉽게 읽어 볼 수 있다. 트위터는 한 번 글을 올릴 때 140자 이내로 적어야 하는 단문 서비스이기 때문에 짧은 시나 문학 작품 속 문장의 일부가 주로 게시된다. SNS는 작가들의 창작 공간으로 활용되기도 하는데 짧은 시를 발표한다거나, 일정 기간 동안 작성한 글을 정리하여 책으로 출판하는 경우도 종종 볼 수 있다.

대중문화계를 통해 더욱 대중들에게 사랑을 받게 된 순수문학 작품도 있다. 사형 제도 문제에 대해 다룬 '우리들의 행복한 시간', 청각 장애인 학교에서 일어난 사건을 다룬 '도가니', 다문화 가정의 청소년을 주인공으로 한 '완득이'처럼 소설을 원작으로 한 영화나 드라마가 인기를 끈 후, 원작이 더욱 큰 관심과 사랑을 받는 것이 그 좋은 예이다. 시는 가요의 가사로 쓰여 더 유명해지는 경우가 많은데 박두진의 '해', 김소월의 '엄마야 누나야', 헤르만 헤세의 '아름다운 여인' 등의 시가 노래로 만들어져 큰 사랑을 받았다. 대중가요의 가사를 정리해 시집으로 출판한 예도 있다. 2008년 사망한 작곡가 이영훈의 노래 가사와 일기를 정리한 〈광화문연가〉, 가수 '루시드 폴'이 자신이 발표한 앨범에 포함된 노래의 가사와 노래에 대한 추억을 정리한 〈물고기 마음〉이 그 예이다. 가사를 단순한 노랫말이 아닌 문학적인 면에서 바라보려는 새로운 시도이다.

이처럼 순수문학은 더 이상 책 속에 머물러 있지 않고 다양한 방법으로 대중에게 다가가고 있다. 바쁜 일상에서 잠시 여유를 갖고 메말라 버리기 쉬운 감성을 촉촉한 봄비처럼 적셔 줄 좋은 문학 작품을 찾아보는 건 어떨까?

1 순수문학과 대중문학의 차이는 무엇입니까?

2 전자책은 독자와 출판사 입장에서 각각 어떤 장점이 있습니까?

3 '문학봇'을 팔로우하면 어떤 서비스를 이용할 수 있습니까?

4 이 글에서 소개한 문학을 원작으로 한 대중문화 콘텐츠의 예에는 어떤 것이 있습니까? 여러분의 나라에도 문학을 원작으로 한 영화나 드라마, 노래가 있습니까?

읽기 연습

1 뜻이 비슷하거나 같은 단어끼리 연결하세요.

1) 대중 •   • 방법

2) 지루하다 •   • 재미없다

3) 매체 •   • TV, 라디오, 신문

4) 방식 •   • (물건을) 사다

5) 저렴하다 •   • 보통 사람들

6) 구입하다 •   • (가격이) 싸다

7) 사망하다 •   • 죽다

2 반대 의미가 있는 단어끼리 연결하세요.

1) 순수문학 •   • 제외되다

2) 다가가다 •   • 대중문학

3) 일부 •   • 메마르다

4) 포함되다 •   • 머무르다

5) 촉촉하다 •   • 전체

3 보기 에서 알맞은 단어를 골라 문장을 완성하세요.

> 보기
>
> 가치   매체   감성   작가   대중
> 촉촉하다   저렴하다   머무르다

　순수문학이란 예술적인 1)＿＿＿＿＿＿＿이/가 높아 2)＿＿＿＿＿＿＿이/가 이해하기에는 조금 어렵다는 느낌이 강했다. 하지만 요즘은 컴퓨터나 스마트폰, TV와 같은 3)＿＿＿＿＿＿＿을/를 통해 생활 속에서 쉽게 순수문학을 접할 수 있게 되었다. 일반 책에 비해 가격도 4)＿＿＿＿＿＿＿고 필요한 부분을 쉽게 찾아볼 수 있어 편리하다. SNS로 문학적인 글을 쓰는 5)＿＿＿＿＿＿＿도 많아졌다. 문학 작품이 드라마나 영화로 만들어지기도 한다. 이렇게 문학은 더 이상 책에 6)＿＿＿＿＿＿＿지 않고 다양한 방법으로 우리를 찾아오고 있다. 문학을 통해 메마른 7)＿＿＿＿＿＿＿을/를 8)＿＿＿＿＿＿＿게 적셔 보자.

Track 6-02

1 이 글의 제목으로 알맞은 것을 고르세요.

1) 문학 치료의 장단점

2) 문학 치료의 방법과 효과

3) 문학 치료를 할 때 주의 사항

4) 문학 치료와 독서 치료의 차이점

2 들은 내용에 맞게 빈칸에 쓰세요.

　　문학 치료는 1) ＿＿＿＿＿＿＿(으)로 할 수도 있고 집단으로 진행할 수도 있다. 최근 한 조사에 따르면 정서 불안, 우울증, 알코올의존증과 같은 문제를 해결하기 위한 여러 가지 심리 치료 방법 중 문학 치료가 가장 높은 효과를 보인다는 결과가 나왔다고 한다. 문학 작품을 통해 느낀 점을 토론하고 2) ＿＿＿＿＿＿＿하는 시간을 갖는 동안 정신적으로 치유되는 효과뿐만 아니라 내적으로 성숙해지는 느낌도 함께 받게 되어 그 장점이 배가된다.

3 들은 내용과 다른 것을 고르세요.

1) 문학 치료는 문학 작품을 읽으며 하는 심리 치료로 독서 치료라고도 한다.

2) 문학 치료는 장소와 시간에 관계없이 할 수 있다는 장점이 있다.

3) 문학 치료는 자기 주도적 활동이기 때문에 효과가 큰 심리 치료 방법이다.

4) 문학 치료를 하면서 느낀 점은 바로 써 두는 것이 좋다.

5) 문학 치료는 자신이 겪어 보지 않은 경험도 인물의 감정 묘사를 바탕으로 간접 체험해 볼 수 있으므로 보다 폭넓은 공감과 이해에 도움이 된다.

1 다음은 SNS를 이용한 짧은 시의 예입니다. 제목을 맞혀 보세요.

출처: 이외수 〈감성사전〉, 하상욱 〈서울 시〉

1)

♥ ○ ▽   🔖

👤 제목 _____

미래를 향해 끊임없이 걸어 가야 하는
비포장도로

2)

♥ ○ ▽   🔖

👤 제목 _____

매일 널 꿈꾸고 매일 널 외면해

3)

♥ ○ ▽   🔖

👤 제목 _____

원하는 건 가져가 꿈꾸는 건 방해 마

4)

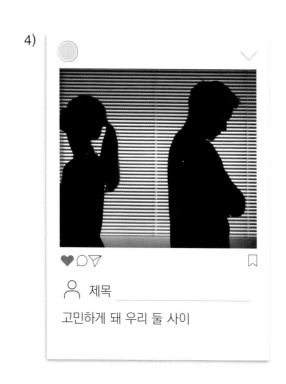

♥ ○ ▽   🔖

👤 제목 _____

고민하게 돼 우리 둘 사이

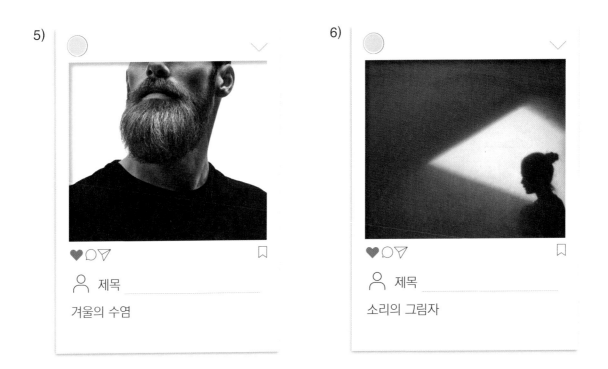

5)

♥ ○ ▽   🔖

👤 제목 _____

겨울의 수염

6)

♥ ○ ▽   🔖

👤 제목 _____

소리의 그림자

2 ✏ 짧은 시를 써 보세요.

1)

제목 : _____

_____

_____

_____

_____

_____

2)

제목 : _____

_____

_____

_____

_____

_____

종합 연습

1 보기에서 알맞은 단어나 문법을 골라 대화를 완성하세요.

보기

| 단편 | 원작 | 장편 | −기(가) 일쑤다 | −는 둥 마는 둥 | −느니 |

스미스 주말에 서점에 가려고 하는데 같이 갈래요? 다음 달에 개봉하는 영화가 있는데 소설을

　　　1) _____ (으)로 만들었다고 해서 한번 읽어 보려고요.

미영 좋아요. 주말에 집에 있으면 하루 종일 잠만 2) _____ 인데 같이 가요.
　　　스미스 씨는 어떤 책을 좋아하세요?

스미스 이것저것 가리지 않고 읽는 편이긴 한데 너무 짧게 끝나는 소설보다는 3) _____

　　　이/가 더 기억에 오래 남는 것 같아요.

미영 그래요? 저는 뭔가를 꾸준히 읽는 건 좀 어려워서 내용이 긴 책 한 권을 계속 4) _____

　　　_____ 짧은 이야기 몇 편을 읽는 게 더 나은 것 같아요.

스미스 어떤 책이든 취향에 맞게 골라서 읽는 게 중요하죠. 베스트셀러라고 해서 샀는데 재미없

　　　어서 결국 5) _____ 하는 경우가 많이 있었거든요.

2 보기에서 알맞은 단어를 골라 문장을 완성하세요.

보기

| 귀신 | 호수 | 보름달 | 백지장 | 호랑이 | 바다 |

　　우리 회사 동료들을 소개할게요. 먼저 제 옆자리에 앉는 토비 씨는 5년 전에 네덜란드에서 왔는

데 농구 선수처럼 키가 커요. 눈치가 엄청 빨라서 제가 좀 피곤한 날은 1) _____

알고 저를 많이 도와줘요. 토비 씨랑 제일 가까운 친구인 마이클 씨는 미국 사람인데 마음이

2) _____ 넓어서 항상 다른 사람의 일도 자기 일처럼 발 벗고 나서는 멋진 분이에요. 미

영 씨는 신입 사원인데 눈이 3) _____ 맑은 미인이에요. 미영 씨는 아직 업무가 서툴러

서 부장님이 말씀하실 때 얼굴이 4) _____ 하얘지면서 긴장할 때가 많아요. 우리 부장

님은 5) _____ 얼굴이 동그랗고 귀여운 인상이지만 화가 났을 때는 6) _____

무섭기도 해요. 하지만 알고 보면 진짜 좋은 분이에요.

JUMP PAGE

💡 비유 표현: '~같이', '~처럼'

보기

친구의 눈은 호수처럼(=호수같이) 크고 맑아요.

1)

어디 아픈지 얼굴이 백지장같이 _____.

2)

시간이 쏜살같이 _____.

3)

부장님은 시계처럼 _____.

4)

아이의 얼굴이 보름달같이 _____.

5)

해야 할 일이 태산같이 _____.

6)

손이 얼음장같이 _____.

7)

그 점쟁이는 귀신처럼 _____.

TIP

'같이'는 문장 마지막에 '같다'로 쓸 수 있지만, '처럼'은 문장 마지막에 쓸 수 없어요!
예) 친구의 눈은 크고 맑아서 호수 같아요.
　　친구의 눈은 크고 맑아서 호수처럼이에요. (X)

📖 단어 목록

공부한 단어를 ☑하세요!

어휘

- ☐ 문학
- ☐ 장편
- ☐ 단편
- ☐ 수필
- ☐ 희곡
- ☐ 비평
- ☐ 출판사
- ☐ 베스트셀러
- ☐ 고전
- ☐ 호평
- ☐ 악평
- ☐ 조각
- ☐ 방해하다

문형 연습

- ☐ 건망증
- ☐ 사소하다
- ☐ 다투다
- ☐ 의지하다
- ☐ 대기
- ☐ 퇴사
- ☐ 맨
- ☐ 대출
- ☐ 지시
- ☐ 일단
- ☐ 진찰

말하기

- ☐ 작사
- ☐ 작곡
- ☐ 강변
- ☐ 뜰
- ☐ 모래
- ☐ 갈(댓)잎

읽기

- ☐ 시도
- ☐ 흔들다
- ☐ 가치
- ☐ 추구하다

- ☐ 교양
- ☐ 개념
- ☐ 콧대(가)높다
- ☐ 방식
- ☐ 다가가다
- ☐ 접하다
- ☐ 수납
- ☐ 유통
- ☐ 업데이트
- ☐ 아예
- ☐ 전용
- ☐ 신조어
- ☐ 팔로우
- ☐ 이내
- ☐ 단문
- ☐ 문장
- ☐ 게시되다
- ☐ 사형
- ☐ 청각
- ☐ 다문화 가정
- ☐ 가요
- ☐ 여인
- ☐ 시집
- ☐ 연가
- ☐ 노랫말
- ☐ 면
- ☐ 메마르다
- ☐ 감성
- ☐ 촉촉하다
- ☐ 적시다

읽기 연습

- ☐ 제외되다

듣기

- ☐ 집단
- ☐ 알코올의존증
- ☐ 심리
- ☐ 주도
- ☐ 객관

- ☐ 겪다
- ☐ 묘사
- ☐ 간접
- ☐ 폭넓다
- ☐ 치유
- ☐ 내적
- ☐ 성숙하다
- ☐ 배가되다

쓰기

- ☐ 비포장
- ☐ 외면하다
- ☐ 고드름
- ☐ 메아리

Jump page

- ☐ 비유
- ☐ 백지장
- ☐ 쏜살
- ☐ 보름달
- ☐ 태산
- ☐ 얼음장
- ☐ 겁쟁이
- ☐ 귀신

대화

- ☐ 거부감

종합 연습

- ☐ 취향
- ☐ 발 벗고 나서다

unit 7
사회 공헌

- 얼마나 –(으)ㄴ/는지 알다/모르다
- –고 보니(까)
- –(으)ㄴ들

Track 7-01

다나카 씨, 이번 주말에 양로원 봉사 활동 가실 거예요?

입사하고 처음이니 가야 될 것 같긴 한데 봉사 활동을 한 번도 해 본 적이 없어서 망설이고 있어요. 제가 간들 큰 도움도 안 될 것 같고 한국말도 아직 서툴고요.

한국말이 서툴기는요. 다나카 씨 실력이면 처음 만나는 어르신들하고도 아무 문제 없이 의사소통할 수 있어요. 원래 처음이 어려운 법이잖아요. 이번에 동료들이랑 같이 한번 가 봐요. 정말 좋을 거예요.

미라 씨는 봉사 활동을 자주 가세요?

일 년에 두세 번은 가는 것 같아요. 개인적으로는 별로 못 가지만 회사에서 갈 때는 꼭 가려고 노력해요. 힘들긴 해도 제 도움을 받고 기뻐하시는 분들의 얼굴을 보면 얼마나 뿌듯한지 몰라요.

미라 씨의 말을 듣고 보니 제가 봉사 활동에 대해서 너무 어렵게만 생각한 것 같아요. 이번엔 꼭 가서 제가 할 수 있는 일을 해 볼게요.

1 주말에 봉사 활동을 가는 곳은 어디라고 합니까?

2 다나카는 왜 봉사 활동을 갈지 말지 망설이고 있습니까?

3 미라는 봉사 활동을 얼마나 자주 간다고 했습니까?

1 보기 에서 다음 설명에 알맞은 단어를 골라 쓰세요.

보기

불우이웃	이재민	장애인	독거노인	결식아동
저소득층	소외 계층	양로원	고아원	장애인 복지 시설

1) 가족 없이 혼자 살고 있는 노인:

2) 지진, 태풍, 홍수, 가뭄 등으로 피해를 입은 사람:

3) 신체적, 정신적으로 불편한 부분이 있어서 일상생활이나 사회생활에 어려움을 겪고 있는 사람:

4) 보호자에게 경제적, 신체적, 정신적 문제가 있어 밥을 챙겨 먹기 힘든 아이:

5) 우리 주변에 살고 있는 사람들 중 여러 가지 상황이 힘들어 도움을 필요로 하는 사람:

6) 소득이나 소비 수준이 낮은 사람:

7) 사회의 여러 복지 정책이나 시설의 혜택을 받지 못하고 있는 사람:

8) 의지할 곳 없는 노인들을 돌보는 곳:

9) 몸이 불편하거나 정신적으로 불편함이 있는 사람들을 돌보는 곳:

10) 부모님이 없거나 의지할 곳이 없는 아이들을 돌보는 곳:

2 다음은 어려움에 처한 이웃을 돕는 방법입니다. 보기 에서 알맞은 단어를 골라 문장을 완성하세요.

보기

지원하다 　　　 기부하다 　　　 기증하다 　　　 모금하다

1) 우리 회사는 작년부터 양로원이나 고아원에 가서 봉사 활동을 하는 대학생 동아리를 ＿＿＿＿＿＿＿
고 있습니다.

2) 크리스마스가 되면 지하철역이나 백화점 앞처럼 사람들이 많이 지나가는 곳에서 불우이웃 돕기
를 위해서 ＿＿＿＿＿＿＿＿＿＿ 사람들이 있다.

3) 박OO 교수는 자신이 평생 모은 책 5만 권을 시골의 어린이 도서관 설립을 위해 ＿＿＿＿＿＿＿

4) 가수 이OO은 이번 콘서트로 번 돈 2억 원을 소외 계층 돕기에 ＿＿＿＿＿＿＿

3 다음 질문에 답하세요.

1) 봉사 활동을 할 기회가 생긴다면 어떤 사람들을 가장 도와주고 싶습니까? 그 이유는 무엇입니까?

2) 못 입게 된 옷이나 안 쓰는 물건을 기증한 적이 있습니까?

3) 만약 아주 큰돈이 생겨서 기부를 한다면 어떤 시설에 기부를 하고 싶습니까?

4) 방송이나 길거리에서 모금을 하는 것을 본 적이 있습니까? 어떤 사람들을 위한 모금이었습니까?

얼마나 동사/형용사 + -(으)ㄴ/는지 알다/모르다
얼마나 동사/형용사 + -았/었/했는지 알다/모르다

가: 제가 그동안 혼자서 **얼마나** 힘들었는지 알아요?
나: 미안해요. 하지만 지켜볼 수밖에 없는 저도 **얼마나** 마음이 아팠는지 몰라요.

	얼마나 -(으)ㄴ/는지 알다/모르다	얼마나 -았/었/했는지 알다/모르다
보다	얼마나 보는지 알다/모르다	얼마나 봤는지 알다/모르다
적다	얼마나 적은지 알다/모르다	얼마나 적었는지 알다/모르다

STEP 1 보기 와 같이 바꿔 쓰세요.

보기

우리 누나는 진짜 공부를 잘해요.
➡ 우리 누나는 얼마나 공부를 잘하는지 몰라요.
우리 누나가 얼마나 공부를 잘하는지 알아요?

1) 한국의 8월은 정말 더워요.

➡ _____

2) 우리 집 고양이를 안으면 너무 행복해져요.

➡ _____

3) 요즘 최고 인기 상품인 이 제품은 성능이 아주 좋아요.

➡ _____

4) 한국 사람들은 정말 매운 음식을 잘 먹어요.

➡ _____

STEP 2 보기 와 같이 대화를 완성하세요.

보기
> 가: 어제 돌잔치 왜 안 오셨어요? 아기가 얼마나 귀여웠는지 몰라요.
>
> 나: 저도 정말 가고 싶었는데 못 가서 얼마나 아쉬운지 알아요?

1) 가: 어제 영은 씨랑 노래방에 갔는데 노래를 참 잘 부르던데요.

    나: 네, 저도 지난번에 들었는데 _____.

2) 가: 걱정하던 일은 잘 해결되셨어요?

    나: 해결하긴 했는데 내가 그 일 때문에 _____.

3) 가: 그때 나를 도와줘서 _____?

    나: 뭘요, 당연히 도와줘야 하는 건데요.

4) 가: 지난주에 설악산 갔다 왔다면서요? 어땠어요?

    나: 설악산 경치가 _____.

       다음에 또 가고 싶어요.

5) 가: 리우 씨는 친구 사귀는 것을 참 좋아하는 것 같아요.

    나: 네. _____?

STEP 3 다른 사람을 도와준 경험이 있습니까? 기억에 남는 경험에 대해 친구와 이야기하세요.

> 저는 대학교 때 봉사 동아리에서 아프리카의 작은 마을에 가서 집을 지어주는 봉사 활동을 한 적이 있어요. 날씨도 덥고 물도 부족하고 정말 얼마나 힘들었는지 몰라요. 그런데 그 집에서 살 아이들과 그 아이들의 가족을 생각하니까 힘이 났어요. 몇 주에 걸쳐 드디어 집이 완성되었을 때 얼마나 뿌듯했는지 알아요? 기뻐하는 마을 사람들의 모습을 보니까 그동안 했던 고생이 씻은 듯이 사라지는 것 같았고, 제 마음도 정말 행복했어요. 제가 그들을 돕는 거라고만 생각했는데, 다른 사람을 돕는 기쁨을 알게 되었으니 저야말로 큰 선물을 받게 된 셈이에요.

동사 + -고 보니(까)

가: 왜 약속 날짜를 바꿨어요?

나: 미안해요. 약속을 하고 보니까 그날이 저희 아버지 생신이더라고요. 음력이라 깜박했어요.

-고 보니까			
알다	알고 보니까	되다	되고 보니까

STEP 1 보기 와 같이 알맞은 단어를 골라 문장을 완성하세요.

보기

그 사람을 만나고 보니 괜찮은 사람 같았어요.

(만나다)   알다   시작하다   내리다   타다

1) 가방을 잃어버렸어요. 지하철에서 _____ 가방이 없더라고요.

2) 버스를 _____ 반대 방향으로 가는 버스였어요.

3) 사업을 _____ 골치 아픈 일이 너무 많아요.

4) 그를 _____ 정말 착한 사람이었어요.

STEP 2 보기 와 같이 대화를 완성하세요.

보기

가: 우리 부서에 있는 김미라 씨가 알고 보니 사장님 딸이었어요.

나: 헉! 미라 씨한테 사장님 욕을 많이 했는데 어떡하지?

1) 가: 왜 잘 쓰던 편지를 찢어버려요?

나: 쓸 때는 몰랐는데 _____ 마음에 안 들어서요.

2) 가: 어제 거래처 사람이랑 만난다는 거 잘 됐어요?

   나: 네. 근데 _____ 그 사람이 제 동창이더라고요. 세상은 좁다더니 참 신기했어요.

3) 가: 어제 스티브 씨와 싸우더니 화해했어?

   나: 응, _____ 너무 했다는 생각이 들어서 결국 미안하다고 사과했어.

4) 가: 이제 이해했어요?

   나: 네. 처음에는 전혀 모르겠더니 설명을 _____ 이해가 되네요.

5) 가: 무슨 물을 그렇게 많이 마셔요?

   나: 김치찌개가 안 매운 줄 알았는데 _____ 너무 매워서 눈물이 날 정도예요.

6) 가: 저도 _____ 부모님이 얼마나 고생하셨는지 알겠어요.

   나: 맞아요, 그러니까 부모님께 잘하세요.

 친구와 이야기하세요.

> 저는 한국에 오기 전에는 한국 음식은 다 맵고 짜다고만 생각했어요. 근데 알고 보니까 맵지 않으면서 건강에 좋은 음식이 많더라고요. 지금은 정말 한국 음식을 좋아하게 됐어요.

1) 한국에 오기 전에는 몰랐는데 오고 나서 알게 된 것

2) 어릴 땐 몰랐는데 나이를 먹고 나서 알게 된 것

3) (_____)이/가 된 후 알게 된 것

4)

동사/형용사 + -(으)ㄴ들
명사 + -인들

가: 운동을 하는데 왜 살이 안 빠질까?
나: 밤에 그렇게 먹는데 운동을 한들 살이 빠지겠어?

-(으)ㄴ들			
보다	본들	많다	많은들

-인들			
전문가	전문가인들	대통령	대통령인들

-았/었/했던들					
사다	샀던들	적다	적었던들	하다	했던들

-였/이었던들			
의사	의사였던들	휴일	휴일이었던들

STEP 1 보기 와 같이 연결하세요.

보기 세월이 흘러가다 ————————— 그 일을 잊을 수 없어요.

1) 바다가 넓다 ·   · 어머니의 사랑보다 넓겠습니까?

2) 지금 공부하다 ·   · 인간관계가 안 좋으면 조직 생활이 힘들다.

3) 실적이 뛰어나다 ·   · 그런 일을 용서할 수 있겠어?

4) 아무리 부자이다 ·   · 그건 살 수 없을 거예요.

5) 아무리 마음이 착하다 ·   · 시험에 합격하기 힘들 거예요.

보기
세월이 흘러간들 그 일을 잊을 수 없어요.

1) _____

2) _____

3) _____

4) _____

5) _____

STEP 2 보기와 같이 대화를 완성하세요.

보기
가: 지금 서둘러 간들 기차를 못 탈 것 같은데 어떡하지?
나: 우선 표는 취소하고 다른 교통편을 알아보자.

1) 가: K그룹 회장님이 지난주에 쓰러져서 지금 의식이 없대요.

   나: 아이고. 그런 걸 보면 돈을 많이 _____ 건강이 나빠지면 아무 소
   용없는 것 같아요.

2) 가: 이번에 A 자동차에서 새로 나온 차 예쁘던데 살까?

   나: 너 회사 근처로 이사했잖아. 차를 _____ 타고 다닐 일이 없는데
   왜 사려는 거야?

3) 가: 좀 더 열심히 했으면 합격할 수 있었을 텐데.

   나: 이미 벌어진 일을 _____ 달라지는 것도 없는데 다음에 더 열심히
   해야지.

4) 가: 아드님이 이번에 졸업하시죠?

   나: 아니요. 한 학기 휴학하기로 했어요. _____ 취업도 못할 텐데 휴
   학하면서 자격증 공부를 해 보겠다고 하더라고요.

5) 가: 오늘 날씨가 너무 좋네요.

   나: 그러게요. 날씨가 _____ 시험 때문에 공부만 해야 하니까 참 속상
   하네요.

둘 중 더 나은 것을 골라 보고, 이유를 이야기해 봅시다.

저는 하고 싶은 일을 하면서 월급 250만 원 받기가 더 낫다고 생각해요. 재미없는 일을 하면서 돈을 많이 번들 행복하지 않잖아요. 그럼 아마 건강도 안 좋아질 거예요.

A. 재미없는 일을 하면서 월급 800만 원 받기
B. 하고 싶은 일을 하면서 월급 250만 원 받기

A. 만원 버스를 타야 하지만 20분 걸리는 회사, 학교
B. 편하게 앉아서 갈 수 있지만 두 시간 가까이 걸리는 회사, 학교

A. 일은 잘하지만 성격이 안 좋은 동료
B. 일은 못 하지만 성격은 정말 좋은 동료

A. 타임머신을 타고 미래로 가기
B. 타임머신을 타고 과거로 가기

다음은 '사회 공헌'이라는 단어를 검색했을 때 나오는 인물입니다.
이 중 한 사람을 선택해서 조사한 후 발표해 봅시다.

 알버트 슈바이처 (의사, 신학자, 음악가)
[Albert Schweitzer 1875. 1. 14~ 1965. 9. 4]

 손 마사요시 (기업인)
[孫正義 손정의 Son Masayoshi 1957.8.11~)

 이태석 (신부)
[1962.9.19 ~ 2010.1.14]

 빌 게이츠 (기업인)
[Bill Gates, 1955.10.28~]

 마하트마 간디 (독립운동가, 정치인)
[Mohandas Karamchand Gandhi 1869.10.2~1948.1.30]

(가) 마더 테레사는 1910년 위스퀴프(اسكوب / Üsküb, 현재 북마케도니아의 수도 스코페)에서 태어나 가톨릭 학교를 졸업하고 18살 때 아일랜드의 로레토 수녀원으로 들어간 후, 다음 해인 1929년 인도로 가서 가톨릭 여자 고등학교의 선생님으로 일하기 시작했다. 당시 인도는 종교 갈등과 내전으로 인해 대부분의 사람들이 끔찍한 가난을 겪고 있었다. 1946년 인도 캘커타의 기차역을 걸어가던 테레사 수녀는 길에 버려진 것처럼 누워있는 한 남자를 지나치게 되었다. 그는 죽어가는 남자가 "목이 말라요."라고 힘겹게 말하는 목소리를 들었다. 그 순간, '수녀원에서 기도만 한들 저 사람을 위해 무슨 도움이 될까?'라는 생각을 했고, 가난한 이들이 사는 곳에 가서 직접 봉사를 해야겠다고 결심하게 되었다. 테레사 수녀는 수녀원에서 나와 1950년 봉사 단체인 '사랑의 선교회(Missionaries of Charity)'를 세웠다.

(나) 하지만 그런 마더 테레사의 행동은 보수적인 교회의 반대에 부딪힐 수밖에 없었다. 한 번 수도원에 들어간 수녀가 밖으로 나왔다는 점, 단체를 세워 운영한다는 점 등이 문제가 된 것이다. 또한 대부분 힌두교인 인도 사람들의 적대감도 컸다. 그러나 마더 테레사는 포기하지 않고 가난한 아이들을 돌보고 그들이 자립할 수 있게 글자와 수학, 재봉을 가르치며 병에 걸린 사람들을 간호했다.

(다) 모든 것이 부족한 상황이었지만 마더 테레사는 늘 긍정적이었고 포기하지 않았다. 어떤 후원자가 사랑의 후원회의 경제 문제를 걱정하자 마더 테레사는 "우리는 남았던 적도 없었지만 부족했던 적도 없었습니다. 때로는 내일 당장 사람들에게 줄 음식이 하나도 없다고 생각하면 신기한 방법으로 내일 먹을 빵이 생깁니다. 우리는 절대 실패하지 않습니다."라며 한 이야기를 들려주었다. "하루는 음식이 정말 하나도 남지 않아 사랑의 선교회의 문을 닫아야 할 위기에 처했습니다. 그런데 갑자기 주변의 학교들이 모두 쉬게 되어 학생들에게 줄 빵이 대신 우리에게 배달되었습니다. 여기 있는 어린이들과 7,000명의 식구들이 며칠을 배부르게 먹을 수 있는 양이었습니다. 온 시내의 학교들이 왜 갑자기 쉬게 되었는지 알 수 없었습니다. 저는 그것을 신의 배려라고 생각합니다."

(라) 이웃을 위한 봉사에 몸을 아끼지 않은 테레사 수녀의 진심이 통했는지 '사랑의 선교회'가 1965년, 드디어 로마 교황청으로부터 인정을 받게 되었다. 그 후 사랑의 선교회는 놀라운 속도로 뻗어 나가 미국, 독일, 한국, 일본, 폴란드 등 도움의 손길이 필요한 세계 여러 나라에 세워졌다. 그는 자신을 칭찬하는 사람들에게 이렇게 이야기했다. "저는 신께서 쥐고 있는 연필일 뿐입니다. 신께서는 그 연필을 자를 수도 있고 깎을 수도 있습니다. 언제 어디서든 무언가 쓰고 싶으면 쓰시고 그리고 싶으면 그리실 겁니다. 멋진 그림을 보거나 감동적인 글을 읽을 때 우리는 연필을 칭찬하지 않고 그것을 사용해서 작품을 만든 사람에 대하여 감탄합니다."

(마) 1979년 마더 테레사는 노벨평화상 수상자로 결정되었다. 어느 일에서건 자신을 내세우기를 바라지 않던 테레사 수녀는 이때도 수상 행사를 열지 않고, 대신 그 비용을 가난한 사람을 위해 쓴다는 조건으로 상을 받았다. 상금 19만 2천 달러는 모두 병원 건설 기금으로 내 놓았다. 상을 받을 때도 '사랑받지 못하는, 버림받은 사람들'의 이름으로 받았다.

(바) 자신을 신의 뜻에 따라 쓰이는 연필에 비유하며 평생을 가난한 사람들을 위해 헌신했던 마더 테레사. 1970년부터 마더 테레사의 건강은 날로 악화됐다. 1983년에는 위독한 상태로 병원에 입원하기도 했다. 마더 테레사는 일손이 부족하다며 바로 퇴원하겠다고 했지만 교황의 명령에 따라 병원에 머물러야 했다. 그는 빈민가의 사람들을 생각하며 고통을 참겠다면서 진통제를 먹지 않았다. 이후 마더 테레사의 건강은 더욱 나빠져 두 차례의 수술을 받았고, 1993년에는 위독한 상태로 중국에 봉사 활동을 하러 가기도 했다. 마더 테레사는 결국 1997년 9월 5일 심장마비로 세상을 떠났다. 전 세계가 슬퍼했고 인도 정부는 국장으로 장례식을 치르기로 결정했다.

(사) 마더 테레사는 버릴 수 있는 모든 것을 버렸던, 가난한 이들 중 가장 가난한 사람이었다. 그에게 가난은 기쁨이었고 자유였으며 사랑의 힘이었고 풍요로움이었다. 그는 항상 가난한 사람들은 아름답다고 말했다. "어느 날 내가 2인분 정도 되는 쌀을 가난한 주부에게 주었습니다. 그런데 그사람은 쌀의 반을 뒷집으로 가져갔어요. 내가 당신 가족은 열 명이나 되는데 어떻게 하냐고 했지요. 여인은 웃으면서 뒷집 사람들은 벌써 며칠째 굶고 있다고 대답하는 겁니다. 내가 가난한 사람들은 아름답다고 말하는 뜻을 조금은 이해하시겠습니까?"

그의 본명은 '아녜즈 곤제 보야지우(Anjeze Gonxhe Bojaxhiu).' 그러나 세상 사람들은 그의 이름을 '마더 테레사'로 기억하고 있다. 세상에서 가장 가난한 이들 가운데에서 평생을 살았고 가난한 이들을 위하는 것으로써 온 세상에 사랑을 전염시킨 어머니의 이름으로.

1 다음 이야기가 들어가기에 알맞은 곳은 어디입니까?

마더 테레사가 노벨상을 수상하자 부자들이 축하 파티를 열고 그를 초대했다. 식탁 위에는 맛있는 음식이 가득했지만 마더 테레사는 "오늘 나는 단식 중"이라고 했다. 파티에 온 사람들이 당황한 표정을 짓자 마더 테레사는 이렇게 말했다. "그럼 이 음식들을 가난한 사람들에게 주는 게 어떨까요?" 파티의 음식들은 모두 빈민가의 아이들의 저녁 식사가 되었다.

1) (나) 다음   2) (다) 다음   3) (라) 다음   4) (마) 다음

2 마더 테레사는 어떤 일을 계기로 수녀원에서 나오게 됐습니까?

3 마더 테레사는 가난한 아이들에게 무엇을 가르쳤습니까?

4 마더 테레사는 자신을 칭찬하는 사람들에게 "저는 연필일 뿐입니다."라고 이야기했습니다. 이것은 어떤 의미입니까?

5 마더 테레사는 어떤 조건으로 노벨 평화상을 받았습니까?

6 마더 테레사에게 가난은 어떤 의미라고 했습니까?

7 마더 테레사의 진짜 이름은 무엇입니까? 사람들이 기억하는 그의 이름은 어떤 의미입니까?

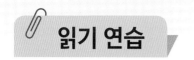

읽기 연습

1 알맞은 단어를 골라 문장을 완성하세요.

1) 마더 테레사는 1910년 위스퀴프에서 태어나 어린 (생활 / 시절)을 보냈다.

2) 마더 테레사는 1929년부터 인도의 가톨릭 학교 선생님으로 일하게 되는데 당시 인도는 종교 (갈등 / 악화) 와/과 내전을 겪고 있었다.

3) 1965년 마더 테레사가 설립한 '사랑의 선교회'는 로마 교황청으로부터 (인정 / 헌신)을 받았다.

4) 마더 테레사는 1979년 노벨평화상을 (수상 / 시상)했다.

2 보기 에서 알맞은 단어를 골라 문장을 완성하세요.

보기

뻗어 나가다   운영   수녀   악화   진통제   끔찍하다

마더 테레사는 1910년 마케도니아에서 태어나 어린 시절을 보내고 1928년 아일랜드에서 1)

_____ 이/가 되었다. 1929년부터 인도의 가톨릭 학교 선생님으로 일하게 되는데 당시 인도는 종교 갈등과 내전으로 대부분의 사람들이 2) _____ 가난을 겪고 있었다. 마더 테레사는 수녀 원을 나와 봉사 단체를 3) _____ 하면서 직접 사람들을 돕기 시작했다. 1965년 로마 교황 청에서 인정을 받은 후 '사랑의 선교회'는 미국, 독일, 한국, 일본, 폴란드 등 도움을 필요로 하는 세계 여 러 나라에 놀라운 속도로 4) _____ . 1979년 마더 테레사는 노벨평화상을 수상하고 상금 19만 2천 달러를 가난한 사람들을 위해 모두 기부했다. 1983년 마더 테레사는 건강이 5) _____ 되어 병원에 입원했다. 그는 가난한 사람들을 생각하며 6) _____ 을/를 먹지 않고 고통을 참았다. 1997년 심장마비로 세상을 떠날 때까지 그는 세상 모든 가난한 사람들의 어머니였다.

Track 7-02

1 이번에 발생한 지진의 규모는 몇이었다고 합니까? 이 지진으로 피해를 입은 나라는 어디라고 합니까?

2 지진 피해 지역을 돕기 위해 한국의 스타들이 한 활동을 바르게 연결하세요.

1) 중견 배우 A씨 ・ • 역대 최연소 유니세프 친선 대사. 피해 지역 어린이를 위해 10만 달러 기부

2) B씨 ・ • 월드비전에 지진 피해 복구를 위해 1억 원을 기부

3) C, D씨 ・ • 소속사와 함께 5천만 원을 기부

4) E씨 ・ • 바자회를 열어 수익금을 기부

3 들은 내용과 같이 빈칸에 쓰세요.

　이번 지진은 규모 8.1, 진도 Ⅷ의 큰 지진으로 1) ＿＿＿＿＿＿＿＿, 2) ＿＿＿＿＿＿＿＿, 3) ＿＿＿＿＿＿＿＿ 와/과 같은 시설이 파괴된 것은 물론, 카트만두 더르바르 광장과 같은 여러 유네스코 세계유산이 파괴되었고, 에베레스트산에서 눈사태가 나서 2차 피해가 발생해 많은 사상자와 실종자가 나오고 있다.

사회 공헌을 실천한 인물이나 단체에 대해 조사해서 써 봅시다.

유니세프
유엔아동기금(United Nations Children's Fund)의 약자. 1946년 12월 뉴욕에서 시작한 단체로 1965년 세계 아동을 위한 공로를 인정받아 노벨평화상을 수상했다.

오프라 윈프리
1954년 미국 미시시피주에서 미혼모의 딸로 태어났다. 그는 힘들고 불행했던 어린 시절을 이겨내고 성공한 비결은 '모든 것에 감사하는 습관'이라고 말하며, 몇십 년째 매일 감사 일기를 쓰고 있다고 한다. 아동 성폭행 및 학대 근절을 위한 기부와 홍보에 적극적인 것으로 유명하며, 실제로 미국에서 아동 보호법이 통과되는 데 큰 공헌을 했다.

월드비전
1950년 전쟁으로 고통 받는 한국인들을 돕기 위한 목적으로 미국인 밥 피어스 목사와 한국인 한경직 목사가 설립한 단체이다. 월드비전의 목표는 "모든 사람, 특히 어린이들이 잘 살 수 있도록 일하는 것"이다.

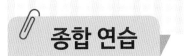

1 [보기]에서 알맞은 표현 골라 문장을 완성하세요.

[보기]

양로원　　　입사　　　봉사 활동　　　기업
얼마나 -(으)ㄴ/는지 모르다　　　-고 보니(까)　　　-(으)ㄴ들

　　올해로 한국 회사에 1) _____ 한 지 3년이 되었다. 우리 회사는 냉장고나 TV 같은 가전제품을 만드는 2) _____ 인데 1년에 한 번 크리스마스 때가 되면 노인들이 계시는 3) _____ (이)나 병원 같은 곳에 무료로 가전제품을 설치해 드리는 4) _____ 을/를 하러 간다. 처음에는 나 한 사람이 5) _____ 큰 변화도 없을 것 같고 회사 일과 직접 관련도 없다고 생각해서 봉사 활동을 가는 데 좀 부정적이었는데, 직접 그곳에 가서 기뻐하시는 어르신들을 6) _____ 내 생각이 틀렸다는 것을 깨달았다. 나는 외국인이라서 한국어가 서툴지만 할아버지, 할머니들께서는 내가 한국말로 말을 걸면 한국말을 너무 잘한다고 칭찬도 해 주시고 손자 같다고 귀여워해 주신다. 봉사활동을 다녀오면 몸은 좀 피곤해도 마음이 7) _____ . 이렇게 회사에서 단체로 봉사활동을 할 수 있는 기회가 매년 있어서 너무 좋다.

2 다음 문장에 어울리지 않는 단어를 찾아 바르게 고쳐 쓰세요.

1) 성공한 사업가 양○○ 씨는 어렵게 공부하는 청년들을 위해 모교의 장학재단에 매년 2억 원의 장학금을 모금하고 있다.

(_____ → _____)

2) 이번 지진으로 인해서 집과 일터를 잃은 결식아동이 많이 생겼다.

(_____ → _____)

3) 그 지역은 매년 반복되는 가뭄으로 집과 도로가 물에 잠기곤 했는데, 풀과 나무를 많이 심고 시설을 늘리는 등의 대책으로 문제를 해결했다.

(_____ → _____)

4) 이 양로원은 정부에서 운영하는 시설이라서 흔히 관리가 잘 되고 있다.

(_____ → _____)

💡 부사

1 다음 부사의 의미를 연결한 후 아래의 문장을 완성하세요.

하마터면 •	• 보통보다 더 자주
설마 •	• 이미 있는 사실에 더하여
제대로 •	• 원래 그대로, 마음 먹은 대로, 적당하게
흔히 •	• 일반적인 기준이나 예상, 짐작, 기대와는 전혀 다르게
더구나 •	• 그럴 리는 없겠지만
오히려 •	• 조금만 잘못했으면

1) 계단을 뛰어 내려가다가 _____ 넘어질 뻔했다.

2) 그 사람은 아내도 잃고 _____ 나쁜 병까지 걸렸대요. 너무 안타깝죠?

3) 한국에서는 '수현'이라는 여자 이름을 _____ 들을 수 있다.

4) 아무리 상황이 어렵다고 한들 _____ 그 사람이 도둑질을 하겠어요?

5) 지금 몸 상태로는 _____ 실력을 보여 주기가 힘들 것 같은데요.

6) 자기가 잘못하고는 _____ 큰소리를 치는 그가 너무 뻔뻔해 보였다.

2 다음 빈칸에 알맞은 부사를 고르세요.

1) 친구가 나한테 사과하기는커녕 _____ 화를 내서 너무 어이가 없었다.
   ① 오히려　　　　② 마음대로　　　　③ 여전히　　　　④ 더구나

2) 한국에서는 친구들끼리 손을 잡고 다니는 모습을 _____ 볼 수 있어요.
   ① 흔히　　　　② 물론　　　　③ 거의　　　　④ 굉장히

3) 오늘은 하루 종일 기침이 났다. _____ 열도 많이 나서 일을 할 수 없었다.
   ① 설마　　　　② 당장　　　　③ 마침내　　　　④ 더구나

4) 오늘 아침에 늦잠을 자서 _____ 시험을 못 볼 뻔했다.
   ① 차라리　　　　② 억지로　　　　③ 혹시　　　　④ 하마터면

5) 내가 어제 분명히 말했는데 _____ 기억을 못 하는 건 아니겠지?
   ① 역시　　　　② 설마　　　　③ 만약　　　　④ 비교적

6) 이미 늦어서 지금 가면 _____ 못 볼 것 같으니까 다음에 가자.
   ① 종종　　　　② 마침　　　　③ 제대로　　　　④ 우선

📖 단어 목록

공부한 단어를 ☑하세요!

어휘
- [ ] 이재민
- [ ] 독거노인
- [ ] 결식아동
- [ ] 저소득층
- [ ] 소외 계층
- [ ] 양로원
- [ ] 고아원
- [ ] 지진
- [ ] 홍수
- [ ] 가뭄
- [ ] 정책
- [ ] 처하다
- [ ] 지원하다
- [ ] 기증하다
- [ ] 모금하다
- [ ] 설립
- [ ] 만약

문형 연습
- [ ] 안다
- [ ] 걸치다
- [ ] 골치
- [ ] 욕
- [ ] 세월
- [ ] 흘러가다
- [ ] 조직
- [ ] 교통편
- [ ] 의식
- [ ] 벌어지다
- [ ] 휴학

말하기
- [ ] 공헌
- [ ] 기업인
- [ ] 독립운동가
- [ ] 정치인
- [ ] 신학자
- [ ] 신부

읽기
- [ ] 가톨릭
- [ ] 수녀
- [ ] 종교
- [ ] 내전
- [ ] 끔찍하다
- [ ] 힘겹다
- [ ] 기도
- [ ] 보수
- [ ] 힌두교
- [ ] 적대감
- [ ] 자립하다
- [ ] 수학
- [ ] 재봉
- [ ] 후원자
- [ ] 교황청
- [ ] 놀랍다
- [ ] 뻗어나가다
- [ ] 손길
- [ ] 감탄하다
- [ ] 내세우다
- [ ] 건설
- [ ] 기금
- [ ] 헌신하다
- [ ] 날로
- [ ] 악화되다
- [ ] 위독하다
- [ ] 일손
- [ ] 교황
- [ ] 빈민가
- [ ] 고통
- [ ] 차례
- [ ] 심장마비
- [ ] 국장
- [ ] 치르다
- [ ] 풍요롭다
- [ ] 본명
- [ ] 전염

- [ ] 단식
- [ ] 계기

듣기
- [ ] 중견
- [ ] 월드비전
- [ ] 유니세프
- [ ] 최연소
- [ ] 친선
- [ ] 대사
- [ ] 복구
- [ ] 바자회
- [ ] 수익금
- [ ] 소속사
- [ ] 진도
- [ ] 눈사태
- [ ] 사상자
- [ ] 실종자

쓰기
- [ ] 아동
- [ ] 약자
- [ ] 공로
- [ ] 불행하다
- [ ] 성폭행
- [ ] 및
- [ ] 학대
- [ ] 근절
- [ ] 통과되다
- [ ] 목사

Jump Page
- [ ] 설마
- [ ] 더구나
- [ ] 큰소리(를)치다

종합 연습
- [ ] 손자
- [ ] 모교
- [ ] 장학
- [ ] 재단
- [ ] 일터

unit 8
한글과 한국인의 사상

목표 문형

- –(으)므로
- –(으)리라
- –(으)ㄴ/는 가운데

Track 8-01

민수 씨, 어제 드라마에서 봤는데 세종대왕이 한글을 만들 때 많은 사람이 반대하던데 실제 역사에서도 그랬나요?

아마 그랬을 거예요. 조선은 한자와 성리학을 아는 양반들이 권력을 가진 나라였으니까 한글이라는 새로운 문자를 쓰기 시작하면 자신들이 갖고 있던 권력이 사라질 수도 있으니 반가워하지 않았을 것 같아요.

그럼 세종대왕은 왜 한글을 만들었을까요?

역사책에는 '세종대왕이 어려운 한자를 몰라서 불편을 겪고 있는 백성을 불쌍하게 생각했으므로 읽고 쓰기 쉬운 한글을 만들었다'고 쓰여 있는데 그보다는 글자를 통해 새로운 질서를 확립할 수 있으리라 생각한 것 같아요. 세종대왕의 할아버지가 조선이라는 새로운 나라를 세운 지 얼마 되지 않았으니 세종대왕은 백성을 다스리는 가운데 끊임없이 정당성을 입증해야만 했거든요.

지금까지는 한글을 그냥 과학적인 글자라고만 생각했는데 정치적으로도 큰 의미가 있는 글자군요.

1 민수는 왜 양반들이 한글을 만드는 걸 반대했을 거라고 했습니까?

2 세종대왕은 왜 한글을 만들었다고 합니까?

3 쑤언은 한글이 어떤 글자라고 했습니까?

어휘 및 표현

확립하다   다스리다   정당성   입증하다

〈사상〉	〈글자〉
효도하다	훈민정음
충성하다	창제
공경하다	반포
불교	표음문자
유교	표의문자
성리학	자음
기독교(천주교, 개신교)	모음

1 다음 빈칸에 알맞은 단어를 〈사상〉부분에서 찾아 쓰세요.

1) 조선 시대는 중국의 학문인 _____ 에서 시작된 _____ 을/를
   국가의 기본 질서로 하는 사회였습니다. 그래서 엄격한 신분 질서와 남녀 차별이 있었습니다.

2) 한국에는 _____ 을/를 믿는 사람이 많습니다. 그래서 절도 많고 부처님 오신 날
   을 공휴일로 하고 있죠.

3) 한국에는 성당도 많고 교회도 많아서 그 차이에 대해 질문하는 분들이 많은데요, 성당은 _____
   _____ , 교회는 _____ 을/를 믿는 사람들이 모이는 공간입니다.

4) 저는 한국에서 나이가 많으신 분들을 _____ 것이 참 아름다운 문화라고 생각
   해요. 지하철이나 버스에서 노약자석을 정해 자리를 양보한다든지, 길에서 무거운 짐을 들고 가
   는 어르신을 보면 도와드린다든지 하는 문화가 생활 속에 잘 자리잡고 있는 것 같아요.

5) 저희 아버지, 어머니 세대까지만 해도 한 번 직장은 영원한 내 직장이라고 생각하고 회사를 위해
   _____ 것이 당연하다고 생각했는데 요즘은 회사를 잘 옮기는 것도 경력이고
   능력이라고 인정받는 분위기로 바뀌었죠.

6) 얼마 전 대학생들을 대상으로 '무엇이 부모님께 최고의 _____ 라고 생각합니
   까?'라는 설문조사를 했는데 1위가 취직하는 것, 2위가 장학금을 받는 것, 3위가 부모님과 함께
   시간을 보내는 것이었습니다.

2 다음 빈칸에 알맞은 단어를 〈글자〉부분에서 찾아 쓰세요.

1) _____ 은/는 한글의 원래 이름으로 '백성을 가르치는 바른 소리'라는 뜻입니다.

2) 한국의 한글, 영어 알파벳, 일본어 가타카나와 같이 소리를 표현하는 문자를 _____,
   중국의 한자처럼 뜻을 표현하는 문자를 _____ 라고 한다.

3) 한글의 기본 _____ 은/는 'ㄱ, ㄴ, ㄷ, ㄹ, ㅁ, ㅂ, ㅅ, ㅇ, ㅈ, ㅊ, ㅋ, ㅌ, ㅍ, ㅎ'
   14개이고 기본 _____ 은/는 'ㅏ, ㅑ, ㅓ, ㅕ, ㅗ, ㅛ, ㅜ, ㅠ, ㅡ, ㅣ' 10개이다.

4) 조선의 4대 왕인 세종대왕은 1443년부터 한글 _____ 을/를 위해 여러 학자들과
   함께 주변 국가의 언어와 사람의 발음기관에 대해 연구했으며 3년 후인 1446년 드디어 한글을 완
   성하여 백성들에게 _____ 했다.

동사/형용사 + -(으)므로, -았/었/했으므로
명사 + -(이)므로, -였/이었으므로

이 학생은 타의 모범이 되**므로** 이 상을 수여합니다.

	-(으)므로	-았/었/했으므로
가다	가므로	갔으므로
적다	적으므로	적었으므로
살다	살므로	살았으므로
	-(이)므로	-였/이었으므로
금지	금지(이)므로	금지였으므로
공연	공연이므로	공연이었으므로

STEP 1 **보기** 와 같이 연결하세요.

보기 성적이 우수하다 •   • 실력이 향상될 것이다.

1) 실내 온도가 높다 •   • 이 상을 드립니다.

2) 연습을 열심히 했다 •   • 인기를 끌 겁니다.

3) 부산 출신이다 •   • 사투리를 쓴다.

4) 성실하게 살았다 •   • 꼭 성공할 것이다.

5) 그 영화는 재미있다 •   • 난방 기기를 꺼 주시기 바랍니다.

성적이 우수하므로 이 상을 드립니다.

1) _____

2) _____

3) _____

4) _____

5) _____

STEP 2 보기 와 같이 대화를 완성하세요.

보기

가: 일회용품은 환경 오염의 주범이므로 사용을 금지해야 합니다.

나: 환경 오염의 주요 원인이라는 점은 인정하지만 꼭 필요한 경우도 있으니 사용을 자제하는
    것이 좋다고 생각합니다.

1) 가: 이번에 새로 출시된 휴대폰은 깔끔한 디자인과 합리적인 가격으로 인기를 얻고 있습니
    다. 이 제품이 _____ 좀 더 광고에 신경 써서 매출을 더욱 높이는 게 좋
    다고 생각합니다.

   나: 이미 입소문이 났는데 광고비를 더 쓸 필요가 있을까요?

2) 가: 이곳은 사고가 많이 발생하는 _____ 속도를 좀 줄여야 합니다.

   나: 네, 그렇게 하겠습니다.

3) 가: 공연 시간이 다 됐으니까 남은 커피는 들고 들어갑시다.

   나: 안 돼요. 출입문에 붙어 있던 '공연에 _____ 음식물 반입을 금지합니다'
    라는 안내문 못 보셨어요?

4) 가: 이 대리는 근무 태도도 안 좋고 실적도 _____ 퇴사시켜야 합니다.

   나: 그래도 몇 년간 우리랑 같이 일해 온 동료인데 퇴사는 너무하지 않나?

STEP 3 방송 내용, 안내문을 완성하세요.

〈곧 뮤지컬 공연이 시작되는 극장의 안내 방송〉
공연이 곧 시작되므로 손님 여러분께서는 자리에 앉아 주시기
바랍니다. 공연에 방해가 될 수 있으므로 가지고 계신 핸드폰을
무음으로 설정하시거나 전원을 꺼 주시기 바랍니다.

곧 뮤지컬 공연이 시작되는
극장의 안내 방송

폭설이 계속되고 있는 아침의
라디오 교통 방송

술집, 클럽 입구의 안내문

도서관에서 공동으로 쓰는
컴퓨터에 붙어 있는 안내문

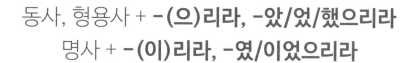

동사, 형용사 + -(으)리라, -았/었/했으리라
명사 + -(이)리라, -였/이었으리라

가: 세종대왕이 한글을 만들지 않았다면 어땠을까요?

나: 아마 글을 읽고 쓰는 데 불편을 겪는 사람이 많았으리라 예상됩니다.

	-(으)리라	-았/었/했으리라
사다	사리라	샀으리라
많다	많으리라	많았으리라
	-(이)리라	-였/이었으리라
문화	문화(이)리라	문화였으리라
추억	추억이리라	추억이었으리라

 STEP 1 다음 사람들의 추측이나 다짐을 보기 와 같이 쓰세요.

보기

김민아(운동 선수)

5년 전 세계 대회에서 금메달을 딴 이후로 좋은 성적을 내지 못해 팬 여러분들도 많이 걱정하셨을 겁니다. 그동안의 슬럼프를 극복하고 새로운 기록을 세우겠다는 마음만으로 열심히 훈련을 하고 있습니다. 많이 응원해 주세요.

: 최근 성적이 좋지 않아 팬들이 많이 걱정했으리라 생각했다.

  슬럼프를 극복하고 새로운 기록을 세우리라는 다짐을 했다.

1)

이민수(회사원)

최근 우리 회사의 실적이 부진한데 다음 달에 있을 A사와의 미팅이 마지막 기회라고 생각합니다. 이번에는 꼭 우리 회사와 계약을 성공시킬 수 있도록 최선을 다하겠습니다.

:

2)

최미영(여행사 직원)

지난 일주일간 여행 앱을 이용하는 고객들을 대상으로 설문 조사를 실시한 결과, 휴가 기간 동안 음악 콘서트나 축제를 즐기고 싶다는 답변이 많았습니다. 따라서 고객의 수요에 맞추어 공연이나 축제, 숙박을 접목시킨 상품을 만들면 반응이 뜨거울 것입니다. 저희 팀에서 책임지고 기획해 보겠습니다.

: _____

3)

윤민철(학생)

학교에 다니면서 항상 외국어 실력이 부족하다는 생각을 했습니다. 그래서 몇 번 영어 학원에 등록을 했지만 조금 다니다가 재미가 없어져서 포기하곤 했습니다. 올해는 꼭 중간에 포기하지 않고 꾸준히 공부해서 스스로 만족할 만한 실력을 갖추고 싶습니다. 영어 실력을 향상시키면 해외 여행은 물론, 취업에서도 경쟁력이 될 것입니다.

: _____

STEP 2 **보기** 와 같이 대화를 완성하세요.

보기
가: 이번 프로젝트는 잘 돼 가고 있어요?
나: 네, 이번에는 꼭 성공하리라는 의지로 열심히 하고 있습니다.

1) 가: 요즘 출산율이 너무 낮아서 5년 후부터는 청년 1명이 3명의 노인을 돌봐야 한대요.
   나: 맞아요. 인구가 극심하게 _____ 예측도 많던데요.

2) 가: 어제 아시안 게임 결승전 봤어요?
   나: 네, 아무도 그 선수가 _____ 기대를 하지 않았는데 정말 대단했어요.

3) 가: 우리 사장님은 정말 대단하지 않아요? 일반 사원에서 시작해서 대기업 사장님의 자리까지 올라가셨잖아요.
   나: 제가 듣기로 사장님은 항상 _____ 믿음을 가지고 살았대요.

4) 가: 지구 온난화가 심해지면 불과 몇 년 후엔 강이나 바다 근처 지역이 잦은 홍수 피해를

                               _____ 예측이 나오고 있습니다.

   나: 더 큰 피해가 없도록 환경 보호에 신경을 써야겠습니다.

STEP 3   최근 새롭게 결심한 것과 그로 인해 예상되는 것에 대해 이야기하세요.

> 저는 올해에는 꼭 한국사 능력 시험을 보리라는 결심을 했어요.
> 한국 역사에 대해서 잘 알아 두면 한국의 문화나 언어를
> 더 잘 이해할 수 있으리라 생각해요.

동사/형용사 + -(으)ㄴ/는 가운데
명사 + -인 가운데

수많은 관객이 지켜보는 **가운데** 공연이 시작되었다.

-(으)ㄴ/는 가운데		
증가하다	증가한 가운데	증가하는 가운데

-(으)ㄴ 가운데		-인 가운데	
바쁘다	바쁜 가운데	불황	불황인 가운데

■ STEP 1   보기 와 같이 연결하세요.

보기   전 직원이 참석하다 •   • 취업 경쟁이 심각할 것으로 예상된다.

1) 실업률이 사상 최고이다 •   • 선거 결과가 발표되었다.

2) 많은 국민들이 지켜보다 •   • 이렇게 와 주셔서 감사합니다.

3) 바쁘다 •   • 회의가 열렸다.

4) 비가 내리다 •   • 경기가 계속되었다.

보기
전 직원이 참석한 가운데 회의가 열렸다.

1) _____

2) _____

3) _____

4) _____

보기 와 같이 문장을 완성하세요.

밝혀지다   메우다   급증하다   다가오다   ⟨흐리다⟩

보기   오늘 오후 늦게부터는 전국적으로 흐린 가운데 수도권을 중심으로 비가 조금 오겠습니다.
외출 시 우산을 준비하시기 바랍니다.

1) 전 국회의원 김모 씨가 뇌물을 받은 사실이 ＿＿＿＿＿＿＿＿＿ 경찰은 조사에
   더욱 힘을 쏟고 있다.

2) 지난 월드컵 때 많은 시민들이 시청 앞 광장을 가득 ＿＿＿＿＿＿＿＿＿ 함께 신나
   게 응원을 했던 추억이 아직도 남아 있어요.

3) 올해 수능이 다음 달로 ＿＿＿＿＿＿＿＿＿ 마지막 한 달을 어떻게 공부해야 할지
   고민하는 수험생들이 많을 것 같습니다.

4) 폭우로 인명 피해가 ＿＿＿＿＿＿＿＿＿ 기상 악화로 실종자 수색이 지연되어
   실종자 가족들의 근심은 깊어만 가고 있습니다.

STEP 3   요즘 여러분의 주변에서 화제가 되고 있는 일에 대해 소개해 주세요.

예전에 건강 기능 식품은 연세가 많은 분들이 드시는 이미지가
강했는데, 요즘에는 젊은 사람들이 더 열심히 챙겨 먹는 것 같습니다.
20~30대에게 친숙한 젊은 연예인들이 복용한다는 입소문의 영향으로
구매율이 급증하고 있는 가운데, 간 기능이 약한 분들은 너무 많은 약을
먹으면 오히려 역효과라고 하니 주의해야겠습니다.

1 세계 문자 지도입니다. 여러분의 알고 있는 글자는 몇 가지입니까?

2 여러분은 처음 한글을 배울 때 어떤 방법으로 배웠습니까? 한글을 읽고 쓸 수 있을 때까지 시간이 얼마나 걸렸습니까?

3 여러분의 나라의 글자와 한글의 공통점과 차이점은 무엇입니까?

4 여러분 나라에서 사용하는 글자는 어떻게 만들어졌습니까?

5 세종대왕은 왜 한글을 만들었다고 생각합니까? 세종대왕이 한글이 만들지 않았다면 지금 한국 사람들은 어떤 문자를 사용하고 있었으리라고 생각합니까?

(가) 한글의 원래 이름은 '훈민정음'이다. 훈민정음은 '백성을 가르치는 바른 소리'라는 뜻으로 1443년 조선의 4대 왕인 세종이 어려운 한자를 읽고 쓰지 못해 어려움을 겪고 있는 백성들을 위해 쉽게 읽고 쓸 수 있도록 만든 글자이다. '한글'이라는 이름은 1910년대 초에 한글 학자들이 쓰기 시작한 이름으로 한글의 '한'은 '크다'는 것을 의미하므로, 한글은 '큰 글'이라는 뜻이다.

(나) 한글이 만들어지기 전에 사용했던 글자는 중국의 한자였다. 한자는 글자 하나하나가 뜻을 표현하는 표의문자이므로 글을 제대로 읽고 쓰기 위해서는 최소한 몇 천 자에서 몇 만 자까지 알아야 했다. 그러므로 신분이 낮은 대부분의 사람들은 글자를 읽고 쓸 수 없는 문맹일 수밖에 없었다. 또한 말과 글이 일치하지 않았기 때문에 불편함이 컸다. 반면 한글은 표음문자이기 때문에 한자에 비해 훨씬 적은 글자로 글을 쓰고 읽을 수 있다. 또한 한글은 우리가 말을 할 때 사용하는 입, 목구멍, 혀, 치아 등 발음기관의 모양과 비슷하게 만들었기 때문에 그 원리를 알면 단시간에 읽고 쓰기가 가능하다.

(다) 최근 몇 년 전부터 한국 정부에서는 한글의 이런 특성을 살려 글자가 없는 세계 여러 나라의 소수 민족들에게 한글로 그들의 말을 읽고 쓰는 방법을 가르치는 사업을 진행하고 있다. 유네스코(UNESCO)에서는 지난 1990년부터 언어 발전과 글자 보급을 위해 노력한 개인이나 단체에게 '세종대왕 문해상'(King Sejong Literacy Prize)'을 시상하고 있다.

(라) 그러나 이렇게 많은 장점을 가졌으며 언어학적으로 높은 평가를 받고 있는 한글은 오랜 시간 동안 한자에 비해 무시를 당하는 글자였다. 세종대왕이 한글을 반포한 후에도 양반들은 계속해서 한문을 사용했고 한글을 배우는 사람은 여성이나 신분이 낮은 사람들뿐이었다. 지금처럼 한글이 일반적으로 사용된 것은 100여 년 정도밖에 되지 않는다. 이렇게 한글이 제대로 사용되지 못했던 이유는 조선 시대의 가장 큰 질서였던 성리학에서 찾아볼 수 있다.

(마) 당시의 모습을 잘 보여주는 작품으로 소설 '뿌리 깊은 나무'가 있다. 이 소설은 드라마로도 만들어져 큰 인기를 얻었는데, 한글 반포 7일 전 궁에서 일어나는 살인 사건을 통해 한글을 반포하려는 사람들과 이를 막으려는 사람들 사이의 갈등을 흥미진진하게 보여주고 있다. 이 작품에서 한글을 반대하는 사람들은 조선 시대의 최고 권력층을 대표하는 사람들이다. 그들이 한글을 반대하는 이유는 성리학과 한자 중심의 질서가 흔들릴 것이라고 생각했기 때문이다. 성리학적 지식이 부족한 사람들이 글자를 읽고 쓸 수 있게 되면 원래 받

앴던 차별에 대한 불만을 글로 표현하게 되고, 그 글은 빠르게 퍼지게 되어 결국은 조선이라는 나라의 질서가 무너지게 될 것이라고 생각했던 것이다.

(바) 그러나 실제 역사에서 세종대왕은 오히려 한글을 이용하여 일반 백성들에게도 쉽게 성리학적 지식과 질서를 알리려고 한 것으로 보인다. 조선은 600년 동안 성리학적 질서를 이어갔으며 지금까지도 한국 사람들이 제사를 지내는 것, 노인을 공경하고 부모님께 효도하는 것을 중요하게 생각하는 것 등을 볼 때, 한글로 성리학적 질서를 쉽게 알린다는 세종대왕의 의도는 대성공이라 말할 수 있다.

(사) 조선 시대 600년을 지나 현재 대한민국에까지도 이어지고 있는 성리학적 질서는 노인을 공경하고 부모님께 효도한다는 긍정적인 측면도 있지만 남녀 차별, 학벌 중심주의 등의 부정적인 영향을 준 것도 사실이다. 현재를 사는 우리는 긍정적 가치는 더욱 살리고 부정적인 면은 적극적으로 극복해 나가려는 노력을 해야 할 것이다.

1 각 부분의 중심 내용을 정리하세요.

가	훈민정음과 한글의 의미
나	한글과 한자의 1) _____
다	한글의 우수성을 살린 사업: 소수민족 한글 교육, 세종대왕문해상
라	한글이 한자에 비해 2) _____ 이유
마	조선 시대 권력층들이 3) _____ 을/를 반대한 이유
바	세종대왕이 4) _____ 을/를 만든 이유
사	성리학적 질서의 장단점

2 '훈민정음'과 '한글'의 의미는 무엇입니까?

3 '유네스코 세종대왕 문해상'(UNESCO King Sejong Literacy Prize)'은 누구에게 시상합니까?

4 지금처럼 한글을 일반적으로 사용한 지는 얼마나 되었다고 합니까?

5 다음은 한국 사회에서 흔히 볼 수 있는 모습입니다. 각각 어떤 성리학적 사상에 해당하는지 분류
하세요.

가. 교육열이 높고 같은 학교 출신의 선후배 간의 관계가 좋다.

나. 대중교통에 노약자석이 있고 노인을 보면 자리를 양보한다.

다. 사교육비 부담이 높다.

라. 낳아 주시고 키워 주신 부모님께 잘해야 한다고 생각한다.

마. 어른이 숟가락을 들면 식사를 시작하고 다 드시기 전에 일어나지 않는다.

바. 딸보다는 아들에게 가업, 재산을 물려줘야 한다고 생각한다.

사. 신입 사원 채용 시에 명문대 졸업자를 우대하고 지방대 졸업자는 차별을 당하기도 한다.

아. 아들을 낳을 때까지 아이를 낳는 바람에 딸이 많은 집을 종종 볼 수 있다.

자. 결혼 후에도 부모님을 모시고 사는 자녀들이 많이 있다.

1) 남아 선호 사상:

2) 경로 사상:

3) 효도:

4) 학벌 중심주의:

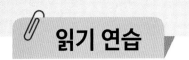

읽기 연습

1 발음기관의 이름을 쓰세요.

1) _____

2) _____

3) _____

4) _____

2 다음은 한글에 대한 설명입니다. 보기 에서 알맞은 단어를 골라 쓰세요.

보기

| 겪다 | 훈민정음 | 소수민족 | 발음 기관 | 표의문자 | 표음문자 |

한글의 원래 이름은 1) _____ 이다. 1443년 세종대왕이 한문을 읽고 쓸 줄 몰라 어려움을 2) _____ 있는 백성들을 위해 만든 글자이다. 한글 이전에 사용했던 한자는 3) _____ (이)기 때문에 최소한 몇 천 자 이상의 글자를 외워야 글을 읽고 쓸 수 있었다. 반면 한글은 소리를 표현하는 4) _____ (이)기 때문에 한자에 비해 훨씬 적은 글자만으로도 글을 읽고 쓸 수 있다. 게다가 한글의 모양은 5) _____ 의 모양과 비슷하기 때문에 쉽게 배워 쓸 수 있다. 이런 한글의 특성을 살려 한국 정부에서는 문자가 없는 6) _____ 에게 한글을 교육하는 사업을 하고 있다.

보기

| 제사 | 신분 | 권력 | 성리학 | 공경 | 효도 |

조선 시대에는 한글은 7) _____ 이/가 낮은 사람들이나 여성들만 썼다. '뿌리 깊은 나무'라는 소설에는 당시 8) _____ 을/를 가진 신분이 높은 사람들이 9) _____ 중심의 질서가 흔들릴까 봐 한글 반포를 반대하는 모습이 나온다. 하지만 실제 역사에서는 세종대왕은 한글을 이용하여 일반인들이 알기 쉽게 성리학적 질서를 가르치려 한 것으로 보인다. 한국 사람들이 부모님께 10) _____ 해야 한다고 생각하는 것, 노인을 11) _____ 하는 것, 조상이 돌아가신 날에 12) _____ 을/를 지내는 것 등이 모두 성리학적 질서의 예이다.

1 한글 기본 자음 5개와 발성 기관의 관계를 정리하세요.

Track 8-02

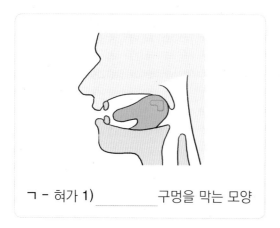

ㄱ - 혀가 1) _____ 구멍을 막는 모양

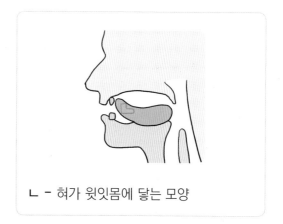

ㄴ - 혀가 윗잇몸에 닿는 모양

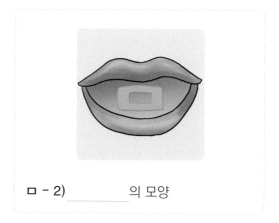

ㅁ - 2) _____ 의 모양

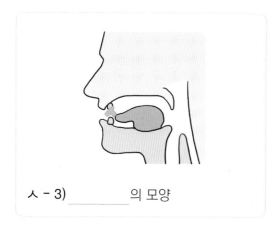

ㅅ - 3) _____ 의 모양

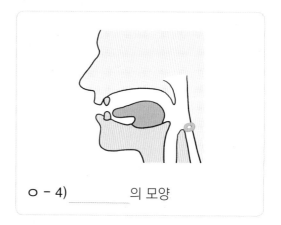

ㅇ - 4) _____ 의 모양

2 다음 중 한글 기본 자음에 획을 더하거나 조합해 만든 예가 잘못 연결된 것은?

1) ㄱ-ㄷ
2) ㄴ-ㄹ
3) ㅁ-ㅂ
4) ㅅ-ㅆ

3 한글 모음의 ·, ㅡ, ㅣ 는 각각 무엇을 의미한다고 합니까?

1 각 나라의 글자는 어떻게 만들어졌고 어떤 특징이 있습니까? 조사해 봅시다.

한국: 한글   자음 14자는 발음 기관의 모양을, 모음 10자는 하늘, 땅, 사람의 모양을 본떠서 만듦. 표음문자. 1446년 세종대왕이 반포.

(:   )

(:   )

(:   )

(:   )

2 여러분의 나라, 그 나라 사람들을 대표하는 것은 무엇이라고 생각합니까? 친구들과 이야기한 후 정리하여 글을 써 봅시다.

한국을 대표하는 것	한글, 효도, 성리학……
( )을/를 대표하는 것	
( )을/를 대표하는 것	

1 다음은 한글날에 대한 설명입니다. [보기]에서 알맞은 단어를 골라 문장을 완성하세요.

[보기]

창제   확립   반포   백성   공휴일

한글날은 왜 10월 9일이 되었을까? 훈민정음해례본(訓民正音解例本)에 따르면 세종대왕이 한글을 1) _____ 해서 국민들에게 2) _____ 한 날이 1446년 9월 초라고 되어 있는데, 1446년 음력 9월을 양력으로 계산하면 10월이 되고, 전통적으로 좋은 숫자로 여긴 3이 세 번 있는 9일을 한글날로 정한 것이다. 1945년 대한민국 정부는 10월 9일을 한글날로 정했으나, 1991년에 경제 발전에 지장을 준다는 이유로 3) _____ 에서 제외했다. 그 뒤로 한글 학회 등 한글 단체는 한글날을 공휴일로 다시 정하자는 운동을 하였고 2013년 다시 공휴일이 되었다. 세종대왕이 한글을 창제한 이유에 대해서는 어려운 한자 때문에 힘들어하는 4) _____ 을/를 위해서라는 의견과 새로운 글자를 통해 새로운 정치 질서를 5) _____ 하려고 했다는 의견이 있다.

2 [보기]에서 알맞은 것을 골라 문장을 완성하세요.

[보기]

-(으)므로   -(으)ㄴ/는 가운데   -(으)리라   입증   다스리다   신분   권력

세종대왕이 한글을 창제한 후에도 양반들은 계속 한문을 사용했고 한글을 배우는 사람들은 1) _____ 이/가 낮은 사람들뿐이었다. 지금처럼 한글을 일반적으로 쓰게 된 것은 20세기 이후의 일이다. 소설 '뿌리 깊은 나무'를 보면 조선 시대 2) _____ 을/를 가진 양반들은 한글 반포를 반대하는데, 한글이 알려져 모든 사람들이 글자를 읽고 쓸 수 있게 되면 원래 받았던 차별에 대한 불만을 표현하게 3) _____ , 기존의 질서가 4) _____ 걱정했기 때문이다. 그러나 세종대왕은 한글을 통해 일반 백성들에게 성리학적 질서를 쉽게 전달하여 나라를 더 잘 5) _____ 수 있었고, 조선 왕조의 정당성을 6) _____ 할 수 있었다.

사라진 한글 자모

1 다음은 훈민정음이 반포될 때 훈민정음의 사용 방법에 대해 설명한 '훈민정음해례(訓民正音解例)'의 내용입니다. 지금의 한글과 어떻게 다릅니까?

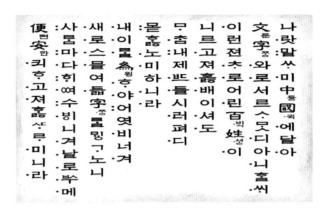

2 세종대왕이 처음 훈민정음을 만들었을 때는 기본 자음과 모음이 모두 28자였습니다. 이 중에서 지금은 사용되지 않는 문자를 찾아봅시다.

1) ㅿ(반시옷): 16세기 말까지 사용되다 없어졌다. 영어의 'z' 발음에 가까운 것으로 추측된다.

2) ㆁ(옛이응): 'ㅇ'과 같은 소리. 훈민정음이 창제되었을 때 'ㅇ'은 초성에 'ㆁ'은 종성에만 사용했다.

3) ㆆ(여린히읗): 'ㅎ'보다 목구멍을 더 좁게 해서 내는 소리. 우리말의 표기에서는 중요한 역할을 하지 못하다가 15세기 중반에 없어졌다.

4) ·(아래아): ㅏ, ㅓ, ㅗ의 중간 발음. 1933년까지 사용되었다. 제주도 사투리에는 이 발음이 남아있다. 또한 'ㅂ'보다 입술을 더 가볍게 스쳐서 내는 소리인 ㅸ(순경음 ㅂ)도 함께 사라졌다.

어휘

- [ ] 사상
- [ ] 효도하다
- [ ] 충성하다
- [ ] 공경하다
- [ ] 불교
- [ ] 유교
- [ ] 성리학
- [ ] 기독교
- [ ] 천주교
- [ ] 개신교
- [ ] 훈민정음
- [ ] 창제
- [ ] 반포
- [ ] 표음문자
- [ ] 표의문자
- [ ] 자음
- [ ] 모음
- [ ] 조선
- [ ] 학문
- [ ] 국가
- [ ] 신분
- [ ] 부처님
- [ ] 공휴일
- [ ] 성당
- [ ] 교회
- [ ] 자리잡다
- [ ] 세대
- [ ] 당연하다
- [ ] 백성
- [ ] 바르다
- [ ] 발음기관

문형 연습

- [ ] 수여
- [ ] 모범
- [ ] 향상되다
- [ ] 난방
- [ ] 합리

- [ ] 매출
- [ ] 입소문
- [ ] 반입
- [ ] 출입문
- [ ] 무음
- [ ] 설정하다
- [ ] 폭설
- [ ] 슬럼프
- [ ] 다짐
- [ ] 부진하다
- [ ] 수요
- [ ] 접목
- [ ] 기획
- [ ] 출산율
- [ ] 청년
- [ ] 극심하다
- [ ] 예측
- [ ] 실업률
- [ ] 선거
- [ ] 메우다
- [ ] 급증하다
- [ ] 수도권
- [ ] 국회의원
- [ ] 모
- [ ] 뇌물
- [ ] 인명
- [ ] 수색
- [ ] 지연되다
- [ ] 근심
- [ ] 화제
- [ ] 간
- [ ] 역효과

말하기

- [ ] 문자

읽기

- [ ] 최소한
- [ ] 문맹
- [ ] 혀

- [ ] 원리
- [ ] 소수민족
- [ ] 보급
- [ ] 언어학
- [ ] 양반
- [ ] 한문
- [ ] 살인
- [ ] 흥미진진하다
- [ ] 권력
- [ ] 불만
- [ ] 퍼지다
- [ ] 무너지다
- [ ] 의도
- [ ] 측면
- [ ] 중심주의
- [ ] 교육열
- [ ] 가업
- [ ] 명문대
- [ ] 우대하다
- [ ] 지방대
- [ ] 남아 선호 사상
- [ ] 경로 사상

듣기

- [ ] 획
- [ ] 발성 기관
- [ ] 윗잇몸
- [ ] 조합하다

쓰기

- [ ] 본뜨다

대화

- [ ] 확립하다
- [ ] 다스리다
- [ ] 정당성
- [ ] 입증하다

종합 연습

- [ ] 훈민정음해례본
- [ ] 지장

memo

New **Easy Korean** 5A

초판인쇄	2014년 11월 10일
개정판인쇄	2024년 9월 23일
개정판발행	2024년 9월 27일
저자	Easy Korean Academy 교재 개발팀, 김명수, 전미리
감수	김현정
편집	김아영, 권이준
펴낸이	엄태상
디자인	김지연
조판	이서영
콘텐츠 제작	김선웅, 장형진
마케팅본부	이승욱, 왕성석, 노원준, 조성민, 이선민
경영기획	조성근, 최성훈, 김다미, 최수진, 오희연
물류	정종진, 윤덕현, 신승진, 구윤주
펴낸곳	한글파크
주소	서울시 종로구 자하문로 300 시사빌딩
주문 및 교재 문의	1588-1582
팩스	0502-989-9592
홈페이지	http://www.sisabooks.com
이메일	book_korean@sisadream.com
등록일자	2000년 8월 17일
등록번호	제300-2014-90호

ISBN 979-11-6734-073-3 13710

EASY KOREAN ACADEMY

Korean language school
韩国语学院

韓国語学校
Trung tăm tiếng Hàn

Since 1998
이지코리안 아카데미
EASY KOREAN ACADEMY
イージーコリアンアカデミー

Writer of New Easy Korean!
The Best Academy for Korean Education!

● Located in the heart of Gangnam, Seoul
● Various, easy and fun education programs
● Professional Korean instructors
● Curriculums focused on speaking
● Kind and thorough learning management

New Easy Koreanの著者!
韓国語教育の名門！

● ソウル・江南の中心に位置
● わかりやすく楽しい多様な教育プログラム
● 韓国語専門の講師陣
● 会話中心のカリキュラム
● きめ細かく徹底した学習管理

New Easy Korean的作者!
韩国语教育的名牌！

● 位于首尔江南的中心
● 简单有趣的多样化教育项目
● 韩国语专家讲师团
● 以口语为中心的课程
● 亲切而全面的学习管理

Tác giả của New Easy Korean!
Danh tiếng của ngành giáo dục Hàn Quốc!

● Nằm ở vị trí trung tâm quận Kangnam, thủ đô Seoul
● Các chương trình đào tạo đa dạng, thú vị và đơn giản
● Đội ngũ giáo viên chuyên ngành tiếng Hàn
● Chương trình giảng dạy chú trọng vào kĩ năng nói
● Quản lí việc học một cách tối đa và tốt nhất

New Easy Korean의 저자! 한국어 교육의 명문!

● 서울 강남의 중심에 위치 ● 쉽고 재미있는 다양한 교육 프로그램 ● 한국어 전문 강사진
● 말하기 중심의 커리큘럼 ● 친절하고 철저한 학습 관리

Easy Korean
Academy
이지코리안아카데미

Tel: 82-2-511-9314
HP: http://www.edukorean.com   http://www.easykorean.co.kr
Instagram: https://www.instagram.com/easykoreanacademy_/
Facebook: https://www.facebook.com/easykoreanacademy/
Google Map: https://goo.gl/maps/EeeJhE4uJTP2

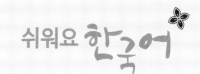

쉬워요 한국어

NEW
Easy Korean
for foreigners

Easy Korean Academy 지음

5A

◉ 듣기 지문
◉ 모범 답안
◉ 단어 목록
◉ 문형 설명

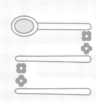

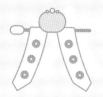

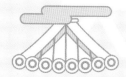

한글파크

New

Easy Korean

for foreigners

5A

Easy Korean Academy 지음

- 듣기 지문
- 모범 답안
- 단어 목록
- 문형 설명

한글파크

목차

Unit 1

🎧 Track 1-02   p.35

한국 드라마에 등장하는 뻔한 내용이 있죠. 가난한 여자와 부자 남자가 만나고, 사랑에 빠지면서 빈부 차이 때문에 갈등을 겪고 부모의 반대에도 부딪히고 거기에 교통사고와 기억상실까지 등장합니다. 또 출생의 비밀이 소재가 될 때도 많습니다. 사랑하는 남녀가 알고 보니 어릴 때 헤어진 남매였다거나, 가난한 주인공이 알고 보니 아주 부잣집의 잃어버린 상속자였다거나 하는 내용이죠. 이런 뻔한 내용은 극적 효과를 위한 장치입니다. 사랑하는 남녀가 갈등을 겪으며 힘들어 하지만 함께 극복하는 과정을 보여주기 위해 필요한 요소들이죠. 그런데 이런 사랑 이야기의 배경을 현재가 아닌 과거로 옮긴다면 어떨까요?

최근 역사적인 사실에 집중하기보다는 남녀의 사랑이 중심이 된 사극이 인기를 끌고 있습니다. 이전에도 큰 인기를 얻는 사극이 종종 있었습니다. 대표적인 예가 국내에서 50%가 넘는 시청률을 기록했던 '대장금'입니다. 대장금은 중국, 일본 등 총 60여개 국에 수출되었습니다. 특히 헝가리에서 40%, 이란에서 90%의 높은 시청률을 나타내는 대기록을 세웠습니다. 하지만 최근 인기를 끌고 있는 사극들은 이전 사극들과는 많이 다릅니다. 예전 사극에는 사실이 아닌 내용은 역사를 잘못 전달할 수 있다는 비판을 받아 거의 담지 못했습니다. 그래서 역사에 그다지 관심이 없는 시청자의 관심을 얻는 데는 실패했죠. 그러나 최근의 사극들은 역사적인 사실이 아닌 내용이나 인물을 만들어 내 드라마를 더욱 흥미롭게 만들고 있습니다. 시청자들의 반응은 긍정적입니다. 같은 사랑 이야기라도 배경이 과거이기 때문에 훨씬 더 남녀의 사랑이 순수하고 아름답게 표현되는 데다가 주인공들이 갈등을 겪는 이유도 실제 있었던 역사적인 사건으로 등장하여 설득력을 높였기 때문입니다. 게다가 사극을 감상하면서 자연스럽게 아름다운 전통 의상과 전통 음식, 한국 곳곳의 아름다운 경치까지 즐길 수 있어 세계적으로 한국 문화를 알리는 콘텐츠로서의 기능도 높다고 할 수 있겠습니다.

Unit 2

🎧 Track 2-02   p.60

아침에 핸드폰 알람 소리에 잠에서 깨고, 잠들기 전까지 스마트폰을 보며 살고 있는 우리. 스마트폰 기술이 발달할수록 생활은 편리해지고 있지만 스마트폰 중독에 대한 위험도 커지고 있는 것이 사실이다. 스마트폰 중독이란 쉽게 말해 일상 생활에 영향을 줄 정도로 오랜 시간 스마트폰을 하는 것이다. 스마트폰 중독이 심해지면 인간 관계에 문제가 생기고 학습이나 업무를 제대로 못하게 될 수 있기 때문에 주의가 필요하다. 서울시에서 운영하는 스마트폰 중독 예방 상담 센터에서는 스마트폰 사용자들이 스스로 자신의 상태를 알아볼 수 있는 테스트를 마련했다. 모두 10개의 질문이 있는데, 첫 번째, 스마트폰이 없으면 답답하고 짜증이 나거나 불안하다, 두 번째, 기상 시간, 취침 시간에 스마트폰을 사용한다, 세 번째, 스마트폰을 많이 쓴다고 지적을 받은 적이 있다. 네 번째, 화장실에서 스마트폰을 사용한다, 다섯 번째, 스마트폰 때문에 시력이 나빠지거나 어깨가 결리는 등 건강에 문제가 생긴 적이 있다, 여섯 번째, 스마트폰 이용 때문에 친구 혹은 동료, 사회적 관계에서 갈등을 겪은 적이 있다, 일곱 번째, 스마트폰 사용 시간을 줄이려고 했지만 실패한 적이 있다, 여덟 번째, 스마트폰을 하면서 다른 활동에 대한 흥미가 감소했다, 아홉 번째, 스마트폰 때문에 학업, 업무 등 역할 수행에 어려움이 생긴 적이 있다, 마지막 열 번째로 '그만해야지'하면서도 계속 스마트폰을 보게 된다, 이다. 10개의 문항에 대해 전혀 그렇지 않다는 1점, 그렇지 않다 2점, 보통이다 3점, 자주 그렇다 4점, 항상 그렇다는 5점으로 계산했을 때 40점 이상인 사람은 심각한 스마트폰 중독일 수 있으니 지금 당장 전문가의 도움을 받아야 한다. 25~39점인 사람은 한 번쯤 생활 속에서 스마트폰 때문에 문제가 발생한 경험이 있는 사람으로 중독이 될 가능성이 있으니 주의해야 한다.

Unit 3

🎧 Track 3-02   p.84

평소 스트레스를 많이 받는 편입니까? 현대인은 바쁜 생활을 하며 다양한 사람을 만나기 때문에 언제나 스트레스와 함께 하고 있습니다. 그렇다면 스트레스와 건강은 얼마나 관계가 있을까요? 최근 스웨덴의 한 연구팀이 스트레스와 치매와의 관계를 발표했습니다. 이 연구팀은 건강한 노인 500명의 성격을 조사하고 이들을 6년간 관찰하였다고 합니다. 6년 후 500명 중 94명이 치매에 걸렸는데, 그중 60% 이상이 스트레스를 잘 받고 주로 혼자 생활했던 노인이었다고 합니다. 이 연구팀에 따르면 스트레스를 받으면 우리 뇌 속에서 기억력을 담당하는 '해마'라는 부분에 필요 없는 자극을 주게 된다고 합니다. 때문에 스트레스와 정신 건강은 아주 밀접한 관계가 있다고 볼 수 있습니다. 스트레스가 심하면 정신 건강뿐 아니라 우리 몸에도 나쁜 영향을 준다는 것은 이미 많이 알려져 있는데요, 그럼 현재 여러분이 얼마나 스트레스를 받고 있는지부터 체크해 볼까요? 첫 번째, 이유 모를 긴장감이 느껴지거나 짜증이 나고 소화불량이 생긴다, 두 번째, 주위 사람들에게 자주 화를 낸다, 세 번째, 화가 나면 담배를 피우거나 술을 마시거나 군것질을 한다, 네 번째, 편두통, 목이나 어깨의 통증, 불면증이 있다, 다섯 번째, 밤이나 주말에 다음 날 해야 할 일에 대해 걱정하고는 한다, 여섯 번째, 걱정 때문에 오히려 수업이나 일에 집중하기 어렵다, 일곱 번째, 긴장을 풀기 위해 진정제 등의 약을 먹는다, 여덟 번째, 스트레스를 풀기 위한 시간을 내기 어렵다, 아홉 번째, 휴식 시간이 충분히 있어도 무엇을 해야 할지 모르겠다, 마지막으로 깊은 잠을 잘 수 없다. 입니다. 이 중 7개 이상 체크 하신 분들은 이미 스트레스가 심각한 수준입니다. 당장 일을 줄여야 하고 가능하면 병원을 찾아가서 상담을 해 보는 게 좋습니다. 네 개에서 여섯 개 정도이신 분들은 언제든지 위험해질 가능성이 있으니 휴식 시간을 가지고 꾸준한 운동을 하는 노력이 필요합니다. 휴식 시간은 선택이 아니라 필수라는 것을 잊지 마십시오.

Unit 4
Track 4-02   p.110
버스나 지하철을 이용할 때 주로 무엇을 하시나요? 서울 지역 20~50대 남녀 1,000명을 대상으로 '대중교통을 이용할 때 하는 일'을 조사한 결과 약 40%가 '동영상 보기'라고 대답했습니다. 동영상 보기는 20대 49.1%, 30대 35%, 40대 30.1%, 50대 29%로 나이가 어릴수록 많았고, 두 번째로 많은 '뉴스나 전자책, 웹툰 읽기'는 33.7%의 응답자 중 20대 24.2%, 30대 34.4%, 40대 42.5%, 50대 43%로 나이가 많을수록 높게 나와 차이를 보였습니다. 다음으로는 음악 듣기 12.4%, 메시지 보내기 8.5%, 외국어 공부 3.9%, 게임 3.4% 순이었습니다. 메시지 보내기는 여성이 11.2%, 남성이 5.8%였고 게임은 여성 2.2% 보다 남성이 4.6%로 많이 나왔습니다.

또한 응답자 중 90% 이상인 912명이 대중교통을 이용하면서 불편함을 느낀 경험이 있는 것으로 조사됐습니다. 다른 승객들을 불편하게 하는 대중교통 꼴불견으로는 '시끄럽게 통화를 하거나 수다를 떠는 사람'이 12.5%로 1위를 차지했습니다. 이어 2위는 '사람들이 다 내리기도 전에 타는 사람' 10.7%, 3위 임산부, 장애인, 노약자를 보고도 못 본 척 자리를 양보하지 않는 건강한 사람 10.5% 순이었습니다.

이외에도 술을 마시고 주정 부리는 사람, 다리를 쩍 벌리거나 꼬고 앉아 다른 승객에게 불편을 주는 사람, 불필요한 신체 접촉을 하는 사람 등이 있었습니다.

Unit 5
Track 5-02   p.135
가까운 공원에서 운동이나 야외 활동을 즐기는 분들이 늘고, 시민들의 옷차림이 가벼워진 것을 보니 정말 봄이 온 것 같습니다. 멀리 여행을 떠나지 않아도 우리 집 근처에서 봄을 느낄 수 있다면 정말 좋을 텐데요. 그래서 준비했습니다. 오늘의 주제 '서울 봄꽃 길 102선'입니다. 서울시가 대중교통으로 갈 수 있는 서울 시내의 봄꽃 길을 모아 소개했습니다. 이번에 서울시에서 소개한 봄꽃 길은 공원 내 꽃길 39개, 도로변 꽃길 30개, 하천변 꽃길 28개, 기타 5개로 모두 102곳이고 모든 꽃길의 길이는 무려 181㎞입니다. 서울 안에, 내가 사는 곳 근처에 이렇게 예쁜 꽃길이 있는 줄 몰랐다는 분들이 많으실 겁니다. 이번에 선정된 봄꽃 길들은 버스나 지하철을 타고 쉽게 갈 수 있는 데다가 주변에는 다양한 문화공간과 맛집들이 많아 봄나들이 코스로 그만입니다. 기상청에 따르면 올해 서울에서 개나리는 4월 1일쯤에 꽃이 피기 시작해 4월 7일쯤 만개할 것으로 보이고, 벚꽃은 4월 10일쯤 개화가 시작돼 중순에 만개할 전망입니다. 꽃이 피는 시기에 맞춰 석촌호수 벚꽃 축제, 응봉산 개나리 축제, 불암산 철쭉 축제, 서래섬 유채꽃 축제 등 다양한 꽃 축제도 열릴 예정이니 서울의 봄꽃 길에서 아름다운 봄을 마음껏 즐기시길 바랍니다.

Unit 6
Track 6-02   p.160
문학 치료란 다양한 문학 작품을 읽은 후 토론이나 글쓰기 등의 방법을 통해 스스로의 문제를 깨닫고 이를 해결하는 치료법으로 독서 치료라고도 한다. 문학 치료는 1:1로 할 수도 있고 집단으로 진행할 수도 있다. 최근 한 조사에 따르면 정서 불안, 우울증, 알코올의존증과 같은 문제를 해결하기 위한 여러 가지 심리 치료 방법 중 문학 치료가 가장 높은 효과를 보인다는 결과가 나왔다고 한다. 문학 치료가 이처럼 효과가 큰 이유는 우선 시간과 공간에 관계 없이 누구나 비교적 저렴한 비용으로 시작할 수 있다는 데 있다. 또한 독서 자체가 자기 주도적 활동이기 때문에 스스로 의지를 갖고 시작한다는 점에서 효과가 클 수밖에 없다. 또, 자신이 경험한 일을 글을 통해 객관적으로 다시 느껴볼 수 있을 뿐만 아니라 자신이 겪어 보지 못한 일도 등장인물의 입장이나 감정 묘사를 바탕으로 간접 체험해 볼 수 있어 보다 폭넓은 공감과 이해에 도움이 된다. 문학 작품을 통해 느낀 점을 토론하고 정리하는 시간을 갖는 동안 정신적으로 치유되는 효과뿐만 아니라 내적으로 성숙해지는 느낌도 함께 받게 되어 그 장점이 배가 된다. 문학 치료를 할 때 중요한 점은 책을 읽고 느낀 점을 그냥 지나치지 말고 바로 소리 내어 이야기해야 한다는 점이다. 대화가 가능한 상대방이 있다면 좋겠지만 혼자 있는 경우에도 자신이 느낀 것을 말해 보면서 스스로의 감정을 표현하는 것이 중요하다.

Unit 7

◉ Track 7-02   p.184

네팔에서 규모 8.1의 대지진이 발생해 네팔뿐만 아니라 중국, 인도, 파키스탄, 방글라데시 등에서 6,200명 이상이 사망하고 많은 부상자가 나오고 있습니다. 이러한 네팔의 안타까운 소식이 전해지자 국내에서는 네팔 지진 이재민을 돕기 위한 스타들의 도움의 손길이 계속되고 있습니다. 중견 배우 A씨는 월드비전에 1억 원을 기부하면서 "네팔 지진 소식을 접하고 가장 고통 받을 아이들을 생각하니 보고만 있을 수 없었다."고 말했습니다. A씨는 10년 이상 유니세프를 통해 아프리카 어린이 돕기에 참여했고, 지난 2005년 파키스탄 지진 피해 복구를 위해 1억 원을 기부했으며 2010년 아이티 대지진 때는 직접 아이티를 찾아가 봉사 활동을 하기도 했습니다. MC로 활발하게 활동하고 있는 B씨는 동료들과 함께 네팔 돕기 바자회를 열어 수익금 2,500만 원을 기부했습니다. 가수 C씨와 배우 D씨도 소속사와 함께 5,000만 원을 기부하며 지진으로 가족과 친구를 잃고 큰 슬픔에 잠긴 네팔 국민에게 조금이나마 힘이 되면 좋겠다고 전했습니다. 피겨 여왕 E씨는 네팔 어린이를 돕기 위해 유니세프에 10만 달러를 기부했습니다. E씨가 기부한 돈은 지진 피해 어린이들의 영양, 위생, 보호 사업을 위해 쓰일 예정입니다. E씨는 지난 2010년 7월 12일 역대 최연소 유니세프 친선 대사로 임명된 후 꾸준히 소외된 이웃을 돕기 위한 활동을 하고 있습니다. 이번 지진은 규모 8.1, 진도 Ⅶ의 큰 지진으로 주택, 학교, 도로와 같은 시설이 파괴된 것은 물론, 카트만두 더르바르 광장과 같은 여러 유네스코 세계유산이 파괴되었고 에베레스트산에도 눈사태가 나서 2차 피해가 발생해 많은 사상자와 실종자가 나오고 있습니다.

Unit 8

◉ Track 8-02   p.209

어떤 외국인이든 고등학교 졸업 정도의 학력이면 1시간 안에 한글을 이해하고 자기 이름을 쓸 수 있다고 합니다. 이것은 한글이 아주 과학적으로 쉽게 읽고 쓸 수 있게 만들어진 글자이기 때문입니다. 우선 자음부터 살펴보면 한글 자음에서 기본이 되는 글자는 ㄱ, ㄴ, ㅁ, ㅅ, ㅇ 다섯 개입니다. 다른 자음은 이 다섯 글자에 획을 더하거나 기본 글자를 두 번 써서 만들 수 있습니다. 예를 들면 'ㄱ'에 획을 한 번 더해 'ㅋ'을 만들고, 두 번 써서 'ㄲ'을 만든 것입니다. 그래서 기본 자음 다섯 개만 알면 다른 자음도 쉽게 기억할 수 있습니다. 이 기본 자음 다섯 개도 외울 필요가 없습니다. 왜냐하면 이 글자들은 인간의 발성 기관이 각 자음을 소리 낼 때의 모양을 나타낸 것이기 때문입니다. 'ㄱ'은 '기역' 혹은 '그'라고 발음할 때 혀 안쪽이 목구멍을 막는 모습을 표현한 글자이고, 'ㄴ'은 '니은' 혹은 '느'라고 발음할 때 혀가 윗잇몸에 닿는 모양을 표현한 글자입니다. 'ㅁ'은 입술의 모양, 'ㅅ'은 치아를 옆에서 본 모양, 'ㅇ'은 목구멍의 모양을 본뜬 것입니다. 'ㄱ'과 'ㅋ', 'ㄴ'과 'ㄷ', 'ㄹ'처럼 모양이 비슷한 자음은 발음이 나는 위치나 입과 혀의 모양도 비슷해서 그 원리를 이해하면 문자를 기억하는 데 도움이 됩니다. 모음도 역시 아주 간단합니다. 모든 한글 모음은 ㆍ, ㅡ, ㅣ로 표현할 수 있습니다. 'ㆍ, ㅡ, ㅣ'는 각각 하늘, 땅, 사람을 의미합니다. 이 간단한 세 개의 글자를 조합해서 여러 가지 모음을 만들 수 있습니다.

모범 답안

Unit 1

어휘

p.20

1.

1) 연출 — 연극이나 TV 드라마를 전체적으로 지도하여 작품을 완성하는 사람

2) 감독 — 영화를 만들 때 전체적인 책임을 맡는 사람

3) 시청자 — TV를 보는 사람

4) 청취자 — 라디오를 듣는 사람

5) 관객 — 뮤지컬, 오페라, 영화를 보는 사람

6) 청중 — 음악회, 오페라 등을 들으러 온 사람

7) 방청객 — TV 프로그램을 촬영하는 곳에 직접 와서 프로그램에 참여하며 보는 사람

8) 독자 — 책, 신문, 잡지 등을 읽는 사람

2.

1) 제작하는
2) 각색한
3) 방송한
4) 상영하
5) 상연하는

3.

1) 긍정
2) 긍정
3) 긍정
4) 부정
5) 부정
6) 긍정
7) 부정
8) 긍정

문형 연습

동사/형용사 + -더라고요
명사 + -(이)더라고요

p.22

■ STEP 1

1) 덥더라고요
2) 좋더라고요
3) 제 동창이더라고요
4) 다른 나라로 휴가를 갔더라고요
5) 잘 어울리더라고요

6) 우리 엄마 친구더라고요

■ STEP 2

1) 리카: 민수 씨, 달력을 봤는데 올해는 휴일이 다 주말하고 겹치더라고요.
   민수: 정말요? 그럼 월요일에 대신 쉬라고 하지 않을까요? 그랬으면 좋겠는데......

2) 리카: 민수 씨, 아침에 부장님을 만났는데 기분이 안 좋아 보이시더라고요.
   민수: 그래요? 무슨 일이 있으신 걸까요?

3) 리카: 민수 씨, 어제 드라마를 봤는데 생각보다 재미있더라고요. 민수 씨도 한번 보세요.
   민수: 그래요? 제목이 뭔데요?

4) 리카: 민수 씨, 어제 이 앞에 새로 생긴 식당에 갔는데 너무 맛이 없더라고요.
   민수: 정말요? 오늘 가 보려고 했는데 안 가야겠네요.

동사 + -(으)ㄴ/는 데다(가)
형용사 + -(으)ㄴ 데다(가)
명사 + -인 데다(가)

p.25

■ STEP 1

1) 늦잠을 잔 데다가 길이 막혀서 지각했다.
2) 유명한 배우가 출연하는 데다가 특수 효과도 훌륭해서 전석 매진이 되었다.
3) 입장료가 무료인 데다가 볼거리도 많아서 찾는 사람이 많다.
4) 옷을 춥게 입은 데다가 밖에 오래 서 있어서 감기에 걸린 것 같다.

■ STEP 2

1) 열이 나는 데다가
2) 잘생긴 데다가
3) 출근 시간인 데다가
4) 점심을 많이 먹은 데다가
5) 월요일인 데다가
6) 지하철역도 먼 데다가
7) 일을 잘하는 데다가
8) 디자인도 별로인 데다가

동사 + -는 법이다
형용사 + -(으)ㄴ 법이다
명사 + -인 법이다   **p.28**

■ STEP 1

1) 꾸준히 노력하면 언젠가는 결실을 맺는 법이다.
2) 항상 웃고 긍정적으로 생각하면 복이 오는 법이다.
3) 죄를 지으면 벌을 받는 법이다.
4) 운전 중에 딴짓을 하면 사고가 나게 되는 법이다.

STEP 2

1) 필요한 법이다.
2) 줄어드는 법이다.
3) 시드는 법이다.
4) 밝혀지는 법이다.
5) 큰 법이다
6) 좋은 법
7) 있는 법

읽기   **p.33**

1. 1) X   2) O   3) X   4) X   5) O

2. 2)

읽기 연습   **p.34**

1.

1) 원작자   다른 사람

2) 교수   원래 작품을 만든 사람

3) 도용   남의 물건이나 이름을 훔침

4) 창작물   대학교에서 학생들을 가르치고 연구하는 사람

5) 타인   처음으로 만들어 낸 물건이나 아이디어

2.

1) 짜깁기
2) 심사
3) 고려
4) 마련
5) 원작

듣기   **p.35**

1.

1) 빈부 차이, 갈등
2) 출생의 비밀
3) 시청률

2. 1)

종합 연습   **p.37**

1.

1) 관객
2) 역(할)
3) 상영
4) 조연, 주인공
5) 감독
6) 연기

2.

1) 두 마리 토끼를 잡았어.
2) 가슴이 뻥 뚫렸어!
3) 소문난 잔치에 먹을 것 없다는
4) 손에 땀을 쥐게 하는
5) 줄거리가 뻔해서

3.

1) 상영
2) 집중력이 떨어지는 데다가
3) 잘하더라고요
4) 청취자
5) 각색
6) 원작
7) 제작
8) 높은 법이잖아요.

Unit2

어휘   **p.46**

1.

1) 받은 편지함
2) 보낸 편지함
3) 스팸 편지함
4) 삭제
5) 휴지통
6) 첨부파일

7) 수신 확인

8) 전달

9) 답장

2.

1) 회원 가입을 해야, 계정을 만들어야

2) 인터넷에 접속하, 끊겨서

3) 다운로드한, 바이러스에 걸린(감염된)

4) 들어갔다, 올려서, 댓글

동사/형용사 + -길래
명사 + -(이)길래   p.48

STEP 1

1) 나길래

2) 잘하길래

3) 보이길래

4) 세일이길래

5) 좋길래

STEP 2

1) ① 약속 시간에 늦었길래 택시를 탔어요. (O)

  ② 약속 시간에 늦었길래 택시를 탑시다. (X)

    → 늦었으니까

2) ① 텔레비전을 켜길래 시끄럽다. (X)

    → 켜서, 켜니까

  ② 텔레비전이 시끄럽길래 꺼 버렸다 (O)

3) ① 친구가 학교에 간다길래 나도 따라갔어요. (O)

  ② 친구가 학교에 간다길래 민수 씨도 따라갔어요. (X)

    → 간다고 해서, 간다고 하니까

4) ① 철수가 너무 많이 먹길래 (제가) 못 먹게 했어요. (O)

  ② 철수가 너무 많이 먹길래 민호가 못 먹게 했어요.

    (X) → 먹어서, 먹으니까

5) ① 날씨가 춥길래 감기에 걸렸어요. (X) → 추워서

  ② 날씨가 춥길래 두꺼운 옷을 꺼내 입었어요. (O)

6) ① 현금이 없길래 그걸 살 수 없었어요. (X) → 없어서,

    없었으니까

  ② 현금이 없길래 돈을 좀 뽑아 왔어요. (O)

동사 + -(으)ㄴ/는 셈이다
형용사 + -(으)ㄴ 셈이다
명사 + -인 셈이다   p.51

STEP 1

1) ②   2) ①   3) ②

STEP 2

1) 싸게 산 셈이에요, 14만 원에 산 셈이에요.

2) 한 달에 15만 원 정도 저축한 셈이에요.

3) 제 자식과도 같은 셈이에요.

4) 인생의 반 이상을 한국에 산 셈이야.

5) 한 달에 한 번 정도 가고 있는 셈이야.

6) 다 지나간 셈이네요.

동사 + -(으)ㄹ 겸
명사 + -겸   p.54

STEP 1

1) 돈도 벌 겸 전공도 살릴 겸 (해서) 꽃집을 차렸다.

2) 운동도 할 겸 아침 공부도 할 겸 (해서) 일찍 일어났다.

3) 노래도 부를 겸 스트레스도 풀 겸 (해서) 노래방에 갔다.

4) 쇼핑(도 할) 겸 산책(도 할) 겸 (해서) 인사동에 갔다.

STEP 2

1) 식탁 겸 책상

2) 아침 겸 점심

3) 돈도 벌 겸 경험도 쌓을 겸 해서

4) 구경도 할 겸 옷도 살 겸

읽기   p.58

1. 노마드(nomad)란 '유목민, 정착하지 않고 떠돌아다니는 사람'이라는 뜻으로 '디지털 노마드'는 정보기술의 발달로 등장한 21세기형 신인류를 말한다. 디지털 노마드는 휴대폰, 노트북, 디지털 카메라 등을 활용하여 시간과 공간에 관계없이 인터넷에 접속해 필요한 정보를 찾고 의사소통을 하며 필요한 일을 하는 사람들이다.

2. 1) O   2) X   3) O   4) O

읽기 연습   p.59

1.

1) 중퇴   사업을 새롭게 시작함.

2) 창업   학업을 중단함.

3) 개발   한 곳에 머물러 삶.

4) 정착   새로운 아이디어를 내거나 물건을 만듦.

9

2.

1) 스트레스에서 벗어 ———— 부담에서 자유로워지다
   나다

2) 창의력을 발휘하다 ———— 새로운 것을 만들어 내
   는 능력을 마음껏 보여
   주다

3) 세상을 떠나다 ⟍ ⟋ 어려운 시기를 이겨내다
4) 위기를 극복하다 ⟋ ⟍ 죽다

3.

1) 중퇴
2) 창업
3) 위기
4) 공유
5) 가상 공간

듣기 p.60

1.

1) 많이 쓴다고
2) 화장실
3) 갈등
4) 줄이려고
5) 흥미
6) 그만해야지

2. 40점 이상

종합 연습 p.62

1.

1) 택배
2) 반품
3) 개인 정보 유출
4) 허위 광고
5) 사은품

2.

1) 있길래
2) 댓글도 달 겸
3) 안심이 돼요
4) 스마트 기기
5) 회원 가입
6) 탈퇴해
7) 필수품인 셈이에요

Unit 3

어휘 p.70

1.

1) 안색
2) 면역력
3) 장수
4) 혈압
5) 위생
6) 호흡

2.

1) 호흡
2) 혈압
3) 면역력
4) 장수
5) 위생

동사/형용사 + -더라도
명사 + -(이)더라도 p.72

STEP 1

1) 사장님의 말이 맞다
   ① 직원들의 의견을 물어보지도 않고 결정하기는 어렵
     겠지요. (O)
   ② 직원들이 반대해도 해야 해요. (X)
     → 사장님의 말이 맞더라도 직원들의 의견을 물어보
       지도 않고 결정하기는 어렵겠지요.

2) 너무 피곤해서 하루 쉬고 싶다
   ① 약속을 당일에 취소해도 돼요. (X)
   ② 약속을 당일에 취소하면 안 돼요. (O)
     → 너무 피곤해서 하루 쉬고 싶더라도 약속을 당일에
       취소하면 안 돼요.

3) 지금 좀 힘들다
   ① 미래를 위해 열심히 일해야 해요. (O)
   ② 앞으로 더 힘들 거예요. (X)
     → 지금 좀 힘들더라도 미래를 위해 열심히 일해야
       해요.

4) 건강하다
   ① 날마다 야근을 하면 결국 건강이 나빠질 거예요. (O)
   ② 조금씩 쉬어가면서 하면 괜찮을 거예요. (X)
     → 건강하더라도 날마다 야근을 하면 결국 건강이 나
       빠질 거예요.

STEP 2

1) 좀 깎아주더라도
2) 평소에 공부했더라도
3) 어머니를 위한 일이더라도
4) 야근을 하더라도
5) 형편이 안 좋더라도

동사/형용사 + -기는커녕
명사 + -은/는커녕   p.75

STEP 1

1) ㉣ 친구들을 자주 만나기는커녕 전화 통화도 못 한다.
2) ㉰ 생일날 선물을 받기는커녕 축하 인사조차 못 들었다.
3) ㉱ 팔을 다쳐서 물건을 들기는커녕 팔을 올리지도 못 한다.

STEP 2

1) 많이 하기는커녕 책을 펴 보지도 못했어요.
2) 즐겁게 보내기는커녕 집에 있는 것보다 더 피곤했어요.
3) 돈을 많이 벌기는커녕 교통비로 더 많이 썼어요.
4) 이번 주는커녕 다음 주에도 못 끝낼 것 같은데요.
5) 나아지기는커녕 더 심해졌어요.
6) 준비는커녕 환율이 너무 올라서 포기해야 할 것 같아요.
7) 저녁 식사는커녕 점심도 못 먹었어요.

동사 + -(으)ㄴ/는 셈 치다
명사 + -인 셈 치다   p.77

STEP 1

1) 생일 선물하는 셈 치고
2) 간단히 요기하는 셈 치고
3) 산 셈 치고
4) 다이어트를 하는 셈 치고

STEP 2

1) 없는 셈 치고
2) 먹은 셈 칠게요
3) 공부하는 셈 치고
4) 없는 사람인 셈 칠 거야
5) 속는 셈 치고

읽기   p.81

1.
1) X, 폭식
2) X, 건강 상태
3) O, 지속

2.
1) 순간적으로
   예) 역도처럼 무거운 것을 들거나, 스쿼트 자세에서 버티거나, 팔 굽혀 펴기, 턱걸이 하기
2) 산소의 공급을 받아, 지방
   예) 걷기, 달리기, 수영, 자전거 타기

3. 3)

읽기 연습   p.83

1.
1) 턱걸이
2) 수영
3) 윗몸 일으키기
4) 역도
5) 자전거 타기
6) 달리기

2.
1) 해소했다
2) 폭식하니까
3) 지속되면
4) 섭취해서
5) 버티기

듣기   p.84

1. 4)

2. 3)

3.
1) 화를 낸다
2) 목이나 어깨
3) 다음 날 해야 할 일
4) 집중하
5) 시간을 내
6) 휴식 시간

11

1.

1) 작심삼일
2) 체력
3) 유산소 운동
4) 무산소 운동
5) 맑더라도
6) 호흡
7) 좋아지기는커녕
8) 유지하는

2. 1) ③   2) ④   3) ③   4) ①

3.

1) 해마
2) 소화불량
3) 편두통
4) 군것질
5) 치매
6) 통증
7) 불면증

4. 3) 다 끝내기는커녕 시작도 못 했어요.

JUMP PAGE   p.89

2.

1) 손을 떼다: 하던 일을 그만두다
2) 눈도 깜짝 안 하다: 조금도 놀라지 않고 평소와 다름없다
3) 두 다리 쭉 뻗고 자다: 마음을 놓고 편히 자다
4) 얼굴이 피다: 적당히 살이 찌고 안색이 좋아지다
5) 입이 심심하다: 뭔가 먹고 싶은 기분이 들다
6) 어깨가 무겁다: 큰일을 맡아 부담이 크다
7) 손이 가다: 음식이 맛있어서 계속 먹게 되다, 어떤 일에 노력이 많이 필요하다
8) 귀가 닳도록 듣다: 질릴 정도로 자주 듣다

3.

1) 눈도 깜짝 안 할
2) 입이 심심한데
3) 손이 가는
4) 눈이 높아서
5) 낯이 익어서
6) 얼굴이 피었어요.
7) 어깨가 무거웠
8) 손을 뗀

9) 두 다리 쭉 뻗고 자요.
10) 귀에 못이 박히게, 귀가 닳도록
11) 발이 넓은
12) 코가 삐뚤어지도록
13) 발바닥에 불이 나도록

Unit 4

어휘   p.96

1.

1) 통근
2) 인도
3) 교차로
4) 정체
5) 여파
6) 승객
7) 보행자

2.

1) 혼잡합니다
2) 교통 정리를 하
3) 단속에 걸려서
4) 승차하
5) 줄을 서서
6) 꼼짝도 못했습니다
7) 견인된

동사 + -는 바람에   p.98

STEP 1

1) 급하게 먹는 바람에 체했다.
2) 밤새 내린 눈이 어는 바람에 빙판길 사고가 발생했다.
3) 동생이 늦게 들어오는 바람에 부모님이 걱정을 하셨다.
4) 교통 신호를 어기는 바람에 벌금을 냈다.

STEP 2

1) 차가 막히는 바람에 늦었어요.
2) 어제 교과서를 집에 안 가지고 가는 바람에 숙제를 못했어요.
3) 과장님이 갑자기 입원하시는 바람에 회의를 할 수 없게 됐어요.
4) 급한 일이 생기는 바람에 못 갔어요.
5) 컵에 물을 쏟는 바람에 책이 다 젖었어요.

동사 + -(으)ㄹ 걸 그랬다   p.101

STEP 1

1) 절약할 걸 그랬어요. 절약할걸.
2) 준비할 걸 그랬어요. 준비할걸.
3) 참을 걸 그랬어요. 참을걸.
4) 신을 걸 그랬어요. 신을걸.

STEP 2

1) 가지 말 걸 그랬어요.
2) 빨리 갈걸.
3) 조심할 걸 그랬어요.
4) 마시지 말 걸 그랬어요.
5) 핸드폰에 저장해둘걸.
6) 회사에 대해 미리 알아볼 걸 그랬어요.
7) 예매할 걸 그랬어요.

동사 + -(으)ㄹ 지경이다   p.103

STEP 1

1) 배꼽이 빠질 지경이에요.
2) 천장에 닿을 지경이다.
3) 발소리만 들어도 알 지경이다.
4) 대사를 외울 지경이다.
5) 구멍이 날 지경이다.
6) 배가 등에 붙을 지경이다.
7) 말이 안 나올 지경이다.

STEP 2

1) 눈을 감고도 찾아갈 수 있을
2) 대사를 외울
3) 구멍이 날
4) 배가 등에 붙을
5) 눈물이 날
6) 죽을/미칠

읽기   p.108

1. 1) X   2) X   3) O   4) O

2. 27일 밤에 차로 갈 계획이다.

3. 부모님이 서울로 올라오시기로 했다.

4. 명절에 고향에 계신 부모님이 자녀를 보기 위해 도시로 오시는 것.

읽기 연습   p.109

1.

1) 귀성 — 귀경
2) 늘어나다 — 줄어들다
3) 정체가 심하다 — 정체가 풀리다
4) 늘리다 — 줄이다
5) 장시간 — 단시간

2.

1) 연휴
2) 정체
3) 귀성
4) 귀경
5) 대상으로
6) 예상된다
7) 번갈아

듣기   p.110

1. 20~50대 남녀 1000명

2.

1위 동영상 보기	40%
2위 뉴스나 전자책, 웹툰 읽기	33.7%
3위 음악 듣기	12.4%
4위 메시지 보내기	8.5%
5위 외국어 공부	3.9%
6위 게임	3.4%

3. 3)

종합 연습   p.112

1.

1) 대상으로
2) 로 가장 많았습니다.
3) 다음으로
4) 의 순이었습니다.
5) 도 있었습니다.

2.

1) 꼼짝도 못하고
2) 혼잡한
3) 나는 바람에
4) 승객

5) 정체
6) 죽을 지경이었어요.
7) 집에 있을 걸 그랬어요.

JUMP PAGE   p.113

1.

1) -을/를 대상으로 ●————● 누구에게 설문조사를 했는지 말할 때

2) -에 대해서 설문 조사한 결과는 다음과 같습니다. ● ● 가장 많은 응답을 말할 때

3) -%로 1위였습니다. ● ● 순서대로 말할 때

4) -의 순이었습니다. ● ● 기타 의견을 말할 때

5) 그 밖에 -도 있었습니다. ● ● 설문 조사를 통해서 알게 된 것을 말할 때

6) -을/를 알 수 있었습니다. ● ● 조사 결과 발표를 시작할 때

2.

20○○년 12월 1일부터 15일까지 회사원 3000명을 대상으로 좋아하는 한식에 대해서 조사한 결과는 다음과 같습니다. 우선 김치찌개가 25%로 1위였습니다. 그 다음은 된장찌개 19%, 불고기 15%, 삼겹살 12%의 순이었습니다. 그 외에 낙지볶음, 부대찌개, 설렁탕이라는 대답도 있었습니다. 조사 결과 회사원들은 따뜻한 국물을 즐길 수 있는 찌개류를 선호하고, 불고기나 삼겹살과 같은 육류도 좋아한다는 것을 알 수 있었습니다.

20○○년 12월 1일부터 15일까지 회사원 3000명을 대상으로 여행 가고 싶은 장소에 대해서 조사한 결과는 다음과 같습니다. 우선 제주도가 21%로 가장 많았고, 그 다음으로 부산 17%, 강릉 11%, 여수 8%의 순이었습니다. 그 외에 광주, 목포, 남원에 가고 싶다는 응답도 있었습니다. 조사 결과 회사원들은 바다가 있는 곳으로 여행을 가고 싶어 한다는 것을 알 수 있었습니다.

Unit 5

어휘   p.120

1.

1) 개막, 폐막, 매표소, 현장판매

2) 마스코트
3) 표어(슬로건)
4) 관객, 1일권, 2일권, 통합권

2.

1) 개최하다, 개최
2) 상영하다, 상영해서
3) 공연하다, 공연
4) 성원하다, 성원
5) 체험하다, 체험
6) 참여하다, 참여
7) 시상하다, 시상

동사/형용사 + -았/었/했기에망정이지
명사 + -이었/였기에 망정이지   p.122

STEP 1

1) 신용카드가 있었기에 망정이지 계산을 못 할 뻔했다.
2) 속도를 내지 않았기에 망정이지 다칠 뻔했다.
3) 휴가였기에 망정이지 큰일 날 뻔했다.
4) 소화기가 있었기에 망정이지 큰 화재가 날 뻔했다.

STEP 2

1) 도와줬기에 망정이지
2) 대비했기에 망정이지
3) 저장했으니 망정이지
4) 비가 그쳤으니까 망정이지

동사 + -(으)ㄴ/는 걸 보니(까)
형용사 + -(으)ㄴ 걸 보니(까)
명사 + -인 걸 보니(까)   p.124

STEP 1

1) 받는 걸 보니까
2) 봉사활동을 다니는 걸 보니까
3) 창백한 걸 보니까
4) 싸는 걸 보니까
5) 얘기인 걸 보니까

STEP 2

1) 늘 싱글벙글한 걸 보니까
2) 날씨가 흐려지는 걸 보니까
3) 자주 짖는 걸 보니까
4) 음악 소리가 들리는 걸 보니까
5) 인호 씨만 보면 얼굴이 빨개지는 걸 보니까

동사 + -(으)ㄴ/는/(으)ㄹ 줄 알다/모르다
형용사 + -(으)ㄴ/-(으)ㄹ줄 줄 알다/모르다
명사 + -인 줄 알다/모르다   p.126

STEP 1

1) 그분은 선생님이 아닌 줄 알았는데 알고 보니까 선생님이었어요. 그 분이 선생님인 줄 몰랐어요.
2) 한국말 배우기가 쉬울 줄 알았는데 생각보다 어려워요. 한국말 배우기가 어려울 줄 몰랐어요.
3) 학교가 멀 줄 알았는데 걸어 다녀도 돼요. 학교가 가까울 줄 몰랐어요.
4) 그 영화가 재미없는 줄 알았는데 재미있어요. 그 영화가 재미있는 줄 몰랐어요.
5) 민수 씨가 술을 잘 마시는 줄 알았는데 한 잔도 못 마셔요. 민수 씨가 술을 못 마시는 줄 몰랐어요.
6) 로라 씨가 기숙사에 사는 줄 알았어요. 아야코 씨랑 같이 사는 줄 몰랐어요.
7) 김 선생님이 이미 결혼한 줄 알았는데 다음 주에 결혼하실 거예요. 김 선생님이 다음 주에 결혼할 줄 몰랐어요.
8) 수업이 끝났을 줄 알았는데 수업 중이었어요. 수업 중인 줄 몰랐어요.

STEP 2

1) 막히는 줄 모르고
2) 떠나는 줄 모르고
3) 장난하는 줄 아는데
4) 어려운 줄 알았으면
5) 닫는 줄 모르고

읽기   p.132

1. 일반인 : 봄을 느낄 수 있는 나들이 장소로 그만이다
꽃 산업 종사자 : 세계적 수준의 상품과 회사를 한 자리에서 만날 수 있다.

2. 불꽃 축제 때 직접 찍은 사진을 홈페이지에 올리면 30명에게 대상 200만 원, 금상 100만 원, 은상 50만 원의 상금을 주는 행사

3. 유네스코(UNESCO)에서 지정한 세계문화유산으로 한국적인 아름다움을 그대로 지키고 있는 곳이고, 오래전부터 수준 높은 고유의 문화를 이루면서 다른 지역의 우수한 문화 또한 적극적으로 받아들여 자신만의 특별한 문화를 만들어 온 곳.

4. 비가 오면 물에 잠겨 아무도 찾지 않았던 장소

5. 무용 13편, 연극 12편, 복합 장르 12편 등

읽기 연습   p.133

1.
1) ②
2) ①
3) ②
4) ①

2.
1) 수
2) 무려
3) 여
4) 불과
5) 간
6) 당시
7) 만
8) 직전, 직후

3.
1) 동양 ⤬ 최소
2) 최대 ⤬ 자연
3) 인공 ⤬ 서양
4) 푸짐하다 —— 부족하다
5) 필수 —— 선택
6) 아마추어 —— 전문가

4.
1) 개최합니다
2) 한자리
3) 진행됩니다
4) 공개방송
5) 체험
6) 나들이

듣기   p.135

1. 102곳 181Km

2. 4)

3.
1) 벚꽃
2) 개나리
3) 철죽
4) 유채꽃

1.

1) 개막   오직 그것뿐, 겨우 ~만
2) 폐막   축제나 행사를 시작함
3) 매진   축제나 행사를 끝냄
4) 단-   아주 크고 대단하다, 훌륭하다
5) 굉장하다   극장에서 영화를 보여 주다
6) -여   하나도 남지 않고 모두 다 팔림
7) 상영되다   표를 파는 곳
8) 매표소   그 수를 넘음 예) 20__ 명, 10__ 개

2.

1) 빠리 → 파리
2) 까페 → 카페
3) 쥬스 → 주스
4) 후라이드 → 프라이드
5) 스케쥴 → 스케줄

3.

1) 부는 걸 보니까
2) 열리는 줄 알았는데요
3) 개최
4) 상영
5) 체험
6) 매진
7) 확인했기에 망정이지

1.

1) 맥도널드
2) 김밥 카페
3) 파리 바게트

2. 모두 오른쪽이 맞습니다. 단 짜장면, 자장면은 복수 표준어 인정

3. 모두 오른쪽이 맞습니다.

Unit 6

1.

1) 시   길이가 짧은 소설
2) 장편 소설   길이가 긴 소설
3) 단편 소설   연극을 하기 위해 쓴 글
4) 수필   예술 작품에 대해 평가하는 글
5) 희곡   일상생활에서의 느낌이나 체험을 쓴 글
6) 비평   자연이나 인생에 대한 느낌이나 생각을 짧고 리듬감 있게 표현한 글

2.

1) 작가
2) 호평
3) 악평
4) 독자
5) 배경
6) 고전
7) 주제
8) 줄거리
9) 등장인물
10) 출판사
11) 베스트셀러

동사 + -기(가) 일쑤다   p.148

STEP 1

1) 잊어버리기 일쑤예요.
2) 밤을 새우기 일쑤다.
3) 야근하기 일쑤다.
4) 싸우기 일쑤였는데
5) 오해를 받기 일쑤예요.

STEP 2

1) 물건을 잃어버리기 일쑤예요.
2) 과소비하기 일쑤예요.
3) 대충 먹기 일쑤예요.
4) 혼나기 일쑤였는데
5) 더 안하기 일쑤더라고요.

동사 + -느니   p.150

STEP 1

1) 평생 혼자 사는 게 낫다.
2) 이번엔 포기하고 다음 대회를 준비하겠다.
3) 시간이 오래 걸려도 혼자 일하겠다.
4) 집값이 비싸도 회사 근처로 이사하는 게 낫다.
5) 그냥 도전하는 게 낫다.

STEP 2

1) 그러느니 새 차를 사는 게 낫지 않을까?
2) 먼저 사과하느니 그냥 진수랑 평생 얘기안 하는 게 낫겠어요.
3) 돈도 제대로 못 받고 일하느니 그만두는 게 낫겠어요.
4) 잘 보이지도 않을 텐데 그렇게 보느니 안 보는 게 낫지.
5) 버스를 타느니 그냥 걷는 게 나았겠다.

동사 + -는 둥 마는 둥 (하다)   p.153

STEP 1

1) 자는 중 마는 둥
2) 하는 둥 마는 둥
3) 말리는 둥 마는 둥
4) 집안일을 하는 둥 마는 둥 해요.
5) 듣는 둥 마는 둥 해?
6) 먹는 둥 마는 둥 했거든요.

STEP 2

1) 받는 둥 마는 둥 해요.
2) 듣는 둥 마는 둥 해요.
3) 먹는 둥 마는 둥 해요.
4) 인사도 하는 둥 마는 둥 하고
5) 자는 둥 마는 둥 했더니
6) 먹는 둥 마는 둥 하고
7) 청소를 하는 둥 마는 둥 하면서
8) 보는 둥 마는 둥 했어요
9) 하는 둥 마는 둥 할 거면

읽기   p.158

1. 순수문학 : 예술적인 가치를 추구하는 것이기 때문에 그 것을 읽고 이해하기 위해서는 상당한 교양이 있어야 한다.
   대중문학 : 예술적 가치보다는 재미를 중심으로 하여 대 중이 부담 없이 읽을 수 있는 문학

2. 독자 입장 : 일반 책에 비해 가격이 저렴하고 무게가 나 가지 않아 언제 어디서나 쉽게 접할 수 있으 며 수납 공간을 차지하지 않는다.
   출판사 입장 : 제작비와 유통비를 절약할 수 있고 업데 이트가 쉽다.

3. 관심이 있는 작가나 문학 장르의 봇 계정을 팔로우하면 그와 관련된 문학 작품을 손쉽게 읽어 볼 수 있다.

4. 우리들의 행복한 시간, 도가니, 완득이처럼 소설을 원작 으로 한 영화나 드라마뿐만 아니라 박두진의 '해', 김소 월의 '엄마야 누나야', 헤르만 헤세의 '아름다운 여인'처 럼 시를 대중 가요로 만든 예도 있다.

읽기 연습   p.159

1.

1) 대중 — 보통 사람들
2) 지루하다 — 재미없다
3) 매체 — TV, 라디오, 신문
4) 방식 — 방법
5) 저렴하다 — (가격이) 싸다
6) 구입하다 — (물건을) 사다
7) 사망하다 — 죽다

2.

1) 순수문학 — 대중문학
2) 다가가다 — 머무르다
3) 일부 — 전체
4) 포함되다 — 제외되다
5) 촉촉하다 — 메마르다

3.

1) 가치
2) 대중
3) 매체
4) 저렴하
5) 작가
6) 머무르
7) 감성
8) 촉촉하

p.160

1. 2)

2.
1) 일대일(1:1)
2) 정리

3. 4)

종합 연습 p.163

1.
1) 원작
2) 자기 일쑤
3) 장편
4) 읽느니
5) 읽는 둥 마는 둥

2.
1) 귀신같이
2) 바다처럼
3) 호수처럼
4) 백지장같이
5) 보름달처럼
6) 호랑이처럼

JUMP PAGE p.164

1) 창백해요.
2) 빨라요.
3) 시간을 잘 지켜요.
4) 크고 동그래요.
5) 쌓여 있어요.
6) 차가워요.
7) 알아맞혀요.

Unit 7

어휘 p.170

1.
1) 독거노인
2) 이재민
3) 장애인
4) 결식아동
5) 불우이웃

6) 저소득층
7) 소외 계층
8) 양로원
9) 장애인 복지 시설
10) 고아원

2.
1) 지원하
2) 모금하는
3) 기증했다.
4) 기부했다.

얼마나 -(으)ㄴ/는지 알다/모르다
얼마나 - 았/었/했는지 알다/모르다 p.172

STEP 1

1) 한국의 8월은 얼마나 더운지 몰라요.
   한국의 8월이 얼마나 더운지 알아요?
2) 우리 집 고양이를 안으면 얼마나 행복해지는지 몰라요.
   우리 집 고양이를 안으면 얼마나 행복해지는지 알아요?
3) 요즘 최고 인기 상품인 이 제품은 얼마나 성능이 좋은지 몰라요.
   요즘 최고 인기 상품인 이 제품이 얼마나 성능이 좋은지 알아요?
4) 한국 사람들은 얼마나 매운 음식을 잘 먹는지 몰라요.
   한국 사람들이 얼마나 매운 음식을 잘 먹는지 알아요?

STEP 2

1) 얼마나 노래를 잘하는지 몰라요.
2) 얼마나 걱정했는지 몰라요.
3) 얼마나 고마웠는지 알아요?
4) 얼마나 아름다웠는지 몰라요.
5) 새로운 친구를 사귀는 게 얼마나 즐거운지 알아요?

동사 + -고 보니(까) p.174

STEP 1

1) 내리고 보니
2) 타고 보니
3) 시작하고 보니
4) 알고 보니까

1) 완성하고 보니
2) 만나고 보니까
3) 생각해 보니
4) 듣고 보니까
5) 먹고 보니
6) 엄마가 되고 보니

동사/형용사 + -(으)ㄴ들 명사 + -인들   p.176

STEP 1

1) 바다가 넓은들 어머니의 사랑보다 넓겠습니까?
2) 지금 공부한들 시험에 합격하기 힘들 거예요.
3) 실적이 뛰어난들 인간관계가 안 좋으면 조직 생활이 힘들다.
4) 아무리 부자인들 그건 살 수 없을 거예요.
5) 아무리 마음이 착한들 그런 일을 용서할 수 있겠어?

STEP 2

1) 번들
2) 산들
3) 후회한들
4) 졸업한들
5) 좋은들

읽기   p.181

1. 4)

2. 1946년 인도 캘커타의 기차역에서 죽어가는 남자가 "목이 말라요."라고 힘겹게 말하는 목소리를 듣고.

3. 글자, 수학, 재봉

4. 자신은 신을 대신해서 일하는 사람일 뿐이라는 의미

5. 수상 행사를 열지 않고 그 비용을 가난한 사람을 위해 쓴다는 조건

6. 기쁨이고 자유였으며 사랑의 힘이었고 풍요로움

7. 본명은 아녜즈 곤제 보야지우(Anjeze Gonxhe Bojaxhiu), 세상 사람들이 기억하는 이름은 '마더 테레사', 가난한 사람들의 어머니

읽기 연습   p.183

1.
1) 시절
2) 갈등
3) 인정
4) 수상

2.
1) 수녀
2) 끔찍한
3) 운영
4) 뻗어 나갔다
5) 악화
6) 진통제

듣기   p.184

1. 진도 7.8의 지진. 피해를 입은 나라는 네팔, 중국, 인도, 파키스탄, 방글라데시

2.

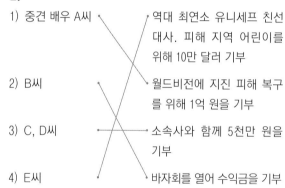

1) 중견 배우 A씨 — 소속사와 함께 5천만 원을 기부
2) B씨 — 바자회를 열어 수익금을 기부
3) C, D씨 — 역대 최연소 유니세프 친선 대사. 피해 지역 어린이를 위해 10만 달러 기부
4) E씨 — 월드비전에 지진 피해 복구를 위해 1억 원을 기부

3.
1) 주택
2) 학교
3) 도로

종합 연습   p.186

1.
1) 입사
2) 기업
3) 양로원
4) 봉사 활동
5) 봉사 활동을 한들
6) 만나고 보니까
7) 얼마나 뿌듯한지 모른다.

2.

1) 모금 → 기부

2) 결식아동 → 이재민

3) 가뭄 → 홍수

4) 흔히 → 제대로

JUMP PAGE   p.187

1.

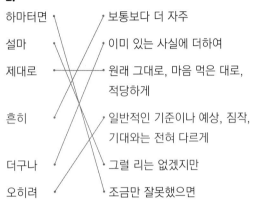

하마터면   보통보다 더 자주

설마   이미 있는 사실에 더하여

제대로   원래 그대로, 마음 먹은 대로, 적당하게

흔히   일반적인 기준이나 예상, 짐작, 기대와는 전혀 다르게

더구나   그럴 리는 없겠지만

오히려   조금만 잘못했으면

1) 하마터면

2) 더구나

3) 흔히

4) 설마

5) 제대로

6) 오히려

2.

1) ①

2) ①

3) ④

4) ④

5) ②

6) ③

Unit 8

어휘   p.194

1.

1) 유교, 성리학

2) 불교

3) 천주교, 개신교

4) 공경하는

5) 충성하는

6) 효도

2.

1) 훈민정음

2) 표음문자, 표의문자

3) 자음, 모음

4) 창제, 반포

동사/형용사 + -(으)므로, -았/었/했으므로
명사 + -(이)므로, -였/이었으므로   p.196

STEP 1

1) 실내 온도가 높으므로 난방 기기를 꺼 주시기 바랍니다.

2) 연습을 열심히 했으므로 실력이 향상될 것이다.

3) 부산 출신이므로 사투리를 쓴다.

4) 성실하게 살았으므로 꼭 성공할 것이다.

5) 그 영화는 재미있으므로 인기를 끌 겁니다.

STEP 2

1) 반응이 좋으므로

2) 지역이므로

3) 방해가 되므로

4) 없으므로

동사/형용사 + -(으)리라, -았/었/했으리라
명사 + -(이)리라, -였/이었으리라   p.199

STEP 1

1) 다음 달에 있을 미팅이 마지막 기회이리라 생각했다.
   꼭 계약을 성공하리라 결심했다.

2) 공연이나 축제를 숙박과 접목시킨 상품이 반응이 좋으리라 예상했다.
   우리 팀에서 책임지고 기획해 보리라 결심했다.

3) 올해는 꼭 영어 공부를 포기하지 않고 만족할 만한 실력을 갖추리라 다짐했다.
   영어 실력을 향상시키면 좋은 경쟁력이 되리라 생각했다.

STEP 2

1) 줄어들리라는

2) 이기리라는

3) 성공하리라는

4) 입으리라는

동사/형용사 + -(으)ㄴ/는 가운데
명사 + -인 가운데   **p.202**

STEP 1

1) 실업률이 사상 최고인 가운데 취업 경쟁이 심각할 것으로 예상된다.
2) 많은 국민들이 지켜보는 가운데 선거 결과가 발표되었다.
3) 바쁜 가운데 이렇게 와 주셔서 감사합니다.
4) 비가 내리는 가운데 경기가 계속되었다.

STEP 2

1) 밝혀진 가운데
2) 메운 가운데
3) 다가온 가운데
4) 급증한 가운데

읽기   **p.206**

1.
1) 차이
2) 무시당한
3) 한글 창제
4) 한글

2. 훈민정음 : 백성을 가르치는 바른 소리
한글 : 큰 글

3. 언어 발전과 글자 보급을 위해 노력한 개인이나 단체에게 주는 상

4. 100여 년

5.
1) 바, 아
2) 나, 마
3) 라, 자
4) 가, 다, 사

읽기 연습   **p.208**

1.
1) 입술
2) 치아
3) 목구멍
4) 혀

2.
1) 훈민정음
2) 겪고
3) 표의문자
4) 표음문자
5) 발음 기관
6) 소수민족
7) 신분
8) 권력
9) 성리학
10) 효도
11) 공경
12) 제사

듣기   **p.209**

1.
1) 목
2) 입술
3) 치아
4) 목구멍

2. 1)

3. 하늘, 땅, 사람

종합 연습   **p.211**

1.
1) 창제
2) 반포
3) 공휴일
4) 백성
5) 확립

2.
1) 신분
2) 권력
3) 되므로
4) 무너지리라
5) 다스릴
6) 입증

unit 1 대중문화

	영어	일본어	중국어	베트남어
연출	direction	演出	导演	diễn xuất
시청자	viewer	視聴者	(电视)观众	khán thính giả
청중	audience	聴衆	听众	thính giả
방청객	audience (studio audience)	テレビ番組の覧客	现场观众、旁听者	khán giả
독자	reader	読者	读者	độc giả
작품	work (artistic piece)	作品	作品	tác phẩm gốc
각색하다	to adapt	脚色する、アレンジする	改编	chuyển thể
제작하다	to produce	制作する	制作	chế tác
상영하다	to screen (a movie)	上映する	上映	trình chiếu
상연하다	to perform (a play)	上演する	上演	trình diễn
웹툰	webtoon	ウェブ漫画	网络漫画	hoạt hình web
인기를 끌다	to gain popularity	人気を集める	受欢迎、吸引人气	trở nên nổi tiếng
블록버스터	blockbuster	ブロックバスター	大片、巨作	bom tấn
언론	media	言論、マスコミ	言论	ngôn luận
평	review	レビュー	评价	lời nhận xét
뻥 뚫리다	to completely open (clear)	すっきりする、スカッとする	豁然开朗	khai thông
볼거리	spectacle	見どころ	看头、值得看的	điều để xem
넘치다	to overflow	あふれる	充满	đầy tràn
기립 박수	standing ovation	スタンディングオベーション	起立鼓掌	đứng dậy vỗ tay
주연	lead role	主演、主役	主演、主角	vai chính
조연	supporting role	助演、脇役	协助演出、配角	vai phụ
박진감	excitement	迫力	逼真感、真实感	cảm giác sinh động
손에 땀을 쥐다	edge-of-the-seat	手に汗を握る	手里捏着一把汗	đổ mồ hôi tay
소문이 나다	to become a rumor	噂になる	出了名、传开	có tin đồn

경력	career	経歴、キャリア	(个人)经历、经验	kinh nghiệm
특수 효과	special effects	特殊効果	特效	hiệu quả riêng biệt
전석	all seats	全席	所有座位	tất cả chỗ ngồi
예의가 바르다	to be polite	礼儀正しい	很有礼貌	lịch sự
죄(를)짓다	to commit a crime	罪を犯す	犯罪、造孽	phạm tội
벌을 받다	to be punished	罰を受ける	受罚、遭报	bị phạt
결실을 맺다	to bear fruit	実を結ぶ	（开花）结果	đơm hoa kết trái
시들다	to wither	しおれる、枯れる	枯萎、凋谢	khô héo
불황	recession	不況	不景气、疲软	khủng hoảng
명언	famous saying	名言	名言、格言	danh ngôn
지식	knowledge	知識	知识	kiến thức
기생충	parasite	パラサイト、寄生虫	寄生虫	ký sinh trùng
화면	screen (monitor or tv)	画面	画面	màn hình
연기력	acting ability	演技力	演技、表演能力	khả năng diễn xuất
표절	plagiarism	盗作、パクリ	剽窃、抄袭	đạo văn
타인	others (other people)	他人	他人、别人	người khác
창작	creation	創作	创作	sáng tác
도용하다	to steal	盗用する、パクる	盗用	dùng lén
교수	professor	教授	教授	giáo sư
출신	origin (background)	出身	出身	xuất thân
공직자	public official	公職者	公职人员	công nhân viên chức
논문	thesis	論文	论文	luận văn
학회	academic society	学会	学会、学术会议	học viện
공통되다	to be common	共通する	共同、一致	chung
심사	evaluation	審査	审查	thẩm định
교육인적자원부	ministry of education and human resources development	教育人的資源部(日本の文部科学省に当たる)	教育人力资源部	bộ tài nguyên nhân lực giáo dục
가이드라인	guideline	ガイドライン	方针、准则	đường lối chỉ đạo

마련하다	to prepare	整える、準備する	籌措、制定	chuẩn bị
여부	whether or not	可否、〜したかどうか	与否、是否	dấu hiệu
판단하다	to judge	判断する	判断	phán đoán
일치하다	to match	一致する	一致	nhất quán
동일하다	to be identical	同一だ	相同、一样	giống nhau
유사하다	to be similar	類似する	相似、类似	tương tự
출처	source	出処	出处、来源	xuất xứ, nguồn
짜깁기하다	to patch together	継ぎ接ぎをする	修改、拼凑	lắp vá
조작하다	to manipulate	ねつ造する	伪造、编造	làm đồ giả
마디	measure, bar(music)	節(ふし)	节、小节	lời, tiếng hát
악용하다	abuse	悪用する	恶用、恶意利用	lạm dụng
멜로디	melody	メロディー	旋律、曲调	giai điệu
리듬	rhythm	リズム	节奏、节拍	nhịp điệu
화음	harmony	和音、ハーモニー	和音、和弦	hoà âm
요소	element	要素	要素、因素	yếu tố
종합	synthesis	総合	综合	tổng hợp
고려하다	to consider	考慮する	考虑	xem xét
패러디	parody	パロディー	模仿	chế lại
오마주	homage	オマージュ	致敬	sự tôn kính
원작	original work	原作	原作、原著	nguyên tác
특정	specific	特定	特定	sự cá biệt
바탕	basis	土台、もと	基础	bản chất
존경	respect	尊敬	尊敬	sự kính trọng
원작자	original author	原作者	原作者	tác giả gốc
인용	quote	引用	引用	trích dẫn
엉뚱하다	absurd	とんでもない、無茶だ	出乎意料、毫不相干	bất thường
빈부	wealth gap	貧富	贫富	sự giàu nghèo
기억상실	amnesia	記憶喪失	失去记忆	chứng mất trí nhớ
소재	material (subject matter)	素材、題材	素材、题材	vật liệu
상속자	heir	相続者	继承人	người thừa kế
장치	device	装置、仕掛け	措施、举措	thiết bị

사극	historical drama	史劇、時代劇	历史剧、古装剧	kịch lịch sử
시청률	viewer rating	視聴率	收视率	tỉ lệ người xem
기록	record	記録	记录	ghi chép
수출	export	輸出	出口、输出	xuất khẩu
비판	criticism	批判	批判	phê bình
설득력	persuasiveness	説得力	说服力	sức thuyết phục
콘텐츠	content	コンテンツ	(信息等)内容	nội dung
권리	right	権利	权利	quyền lợi
처벌하다	to punish	処罰する	处罚	xử phạt
제한	restriction	制限	限制、控制	hạn chế
돌파하다	to break through	突破する	突破	đột phá
일부러	deliberately	わざわざ、わざと	特意、特地	cố ý
여우 주연상	best actress award	主演女優賞	女主角奖	giải nữ diễn viên xuất sắc nhất
차다	kick	(足で)蹴る	踢、踹	đá (chân)
장르	genre	ジャンル	类型、体裁	thể loại
추리	mystery	推理	推理	suy diễn
제작비	production cost	制作費	制作费	chi phí sản xuất
완성도	completeness	完成度	完成度	mức độ hoàn thiện

unit 2 인터넷과 생활

	영어	일본어	중국어	베트남어
편지함	inbox	メールボックス	信箱、邮箱	hộp thư
스팸	spam	スパム(メール)	垃圾(邮件)	thư rác
수신	receive	受信	收信	sự tiếp nhận thông tin
삭제	delete	削除	删除	xóa bỏ
답장	reply	返信	回信	hồi đáp
저장	save	保存	保存	lưu trữ
문서	document	文書	文件	tài liệu
접속하다	to connect	接続する	连接	truy cập
퍼가다	to share	転載する	转载、转贴	chia sẻ lại trên internet

다운로드하다	to download	ダウンロードする	下载	tải xuống
업로드하다	to upload	アップロードする	上传	tải lên
바이러스	virus	ウィルス	病毒	vi-rút
감염되다	to be infected	感染する	(被)感染	bị nhiễm
계정	account	アカウント	账户	tài khoản
방문하다	to visit	訪問する	访问	thăm
로그인하다	to log in	ログインする	登录	đăng nhập
로그아웃하다	to log out	ログアウトする	退出	đăng xuất
탈퇴하다	to withdraw	退会する	注销	rút khỏi
초반	early stage	序盤	初期、前期	phần đầu
경쟁력	competitiveness	競争力	竞争力	sức cạnh tranh
조	trillion	兆	兆	nghìn tỉ
손실	loss	損失	损失	tổn thất
반면(에)	on the other hand	反面、それにひきかえ	相反	trái lại
인상되다	to be increased	引き上げられる	上涨	được tăng lên
–에 따르면	according to	〜によると	据~，按照~	dựa theo -
효율	efficiency	効率	效率	hiệu suất
소득	income	所得	所得	thu nhập
외벌이	single income	片働き	一人挣钱	thu nhập đơn lẻ
가계	household	家計	家庭收支情况、家计	kinh tế gia đình
지출	expenditure	支出	支出	sự tiêu xài
상품권	gift certificate	商品券	商品券	phiếu mua hàng
등록금	tuition	大学の授業料、学費	学费	phí nhập học
장학생	scholarship student	奨学生	取得奖学金的学生	học sinh nhận học bổng
템플스테이	temple stay	テンプルステイ、お寺体験	寺院寄宿、寺庙体验	ở lại chùa
차리다	to set (up)	(店などを)構える	开办、开（店）	mở cửa hàng
학력	academic background	学歴	学历	học lực
업적	achievement	業績	业绩	thành tích
애플리케이션	application	アプリケーション	应用、应用程序	ứng dụng
보정	correction	補正、リタッチ	修图	điều chỉnh

방지	prevention	防止	防止	phòng ngừa
갸름하다	to be slim	細長い	修长	mảnh khảnh
혁신	innovation	革新	革新、创新	sự đổi mới
(으)로 인하다	due to	～による	因为、由于	bởi vì
파란만장	full of ups and downs	波乱万丈	波澜起伏	sóng gió cuộc đời
강렬하다	to be intense	強烈だ	强烈	mãnh liệt
미혼모	single mother	未婚の母、シングルマザー	未婚母亲、未婚妈妈	người mẹ đơn thân
입양	adoption	養子縁組	收养、领养	nhận nuôi
중퇴	dropout	中退	中途退学	bỏ học giữa chừng
창업	startup	創業、起業	创业	sáng lập
쫓겨나다	to be chased out	追い出される	被撵出、被赶走	bị đuổi ra
고난	hardship	苦難、苦境	苦难、艰辛	nghịch cảnh
세기	century	世紀	世纪	thế kỷ
아이콘	icon	アイコン	标志性人物、崇拜对象	biểu tượng
연설	speech	演説、スピーチ	演说、演讲	diễn thuyết
위기	crisis	危機	危机	nguy cơ
자퇴	drop out (of school)	自主退学	自退、自动退出	thôi học
인수하다	to acquire	買収する、引き受ける	收购、接管	tiếp quản
탁월하다	to be excellent	卓越している	卓越、杰出	ưu tú
유목민	nomad	遊牧民	游牧民、游牧民族	dân du mục
정착	settle down	定着、定住	定居	định cư
떠돌아다니다	to wander around	放浪する、あちこち移動する	漂泊	lang thang, rong ruổi
신인류	new human	新人類	新人类	nhân loại mới
집계	aggregate	集計、合計	合计、总计	tổng cộng
팬데믹	pandemic	パンデミック	(全国或全球性)流行病；大流行病	đại dịch
차원	dimension	次元	层面、层次	góc độ
어울리다	to associate, to hang out	(人々と)付き合う、交わる	和谐、融洽	hòa hợp
해결책	solution	解決策	解决方案	giải pháp

학업	studies	学業	学业	việc học
중단	interruption	中断	中断	gián đoạn
마음껏	as much as one likes	思う存分、思いきり	尽情地	thỏa lòng
이겨내다	to overcome	耐える、克服する	战胜、克服	chiến thắng, vượt qua
잘리다	to be fired	クビになる、解雇される	被解雇、被辞退	bị cắt
가상 공간	virtual space	仮想空間	虚拟空间	không gian ảo
양부모님	adoptive parents	養父母	养父母	cha mẹ nuôi
감소	decrease	減少	减少	giảm
기상	wake up	起床	起床	khí tượng
취침	go to bed	就寝	就寝、睡觉	ngủ
지적	point out	指摘	指责	chỉ ra
결리다	to be stiff	(肩などが)凝る	酸痛、胀痛	nhức mỏi
수행	perform	遂行	完成、执行	thực hiện
문항	question (on a test or survey)	問, 項目	问题	câu hỏi
합	total	和, 合計	一共、总共	tổng
사흘	three days	三日	三天	ba ngày
몰래	secretly	こっそり、密かに	暗中、偷偷地	lén lút
수렵	hunting	狩猟	狩猎、打猎	săn bắt
채집	gathering	採集	采集、搜集	sưu tầm
위협	threat	脅威	威胁	uy hiếp
해킹	hacking	ハッキング	非法侵入(他人计算机系统)	hacking
유출	leakage	流出	泄露	tuồn ra
악플	malicious comment	悪質コメント	恶意评论、恶意留言	bình luận ác ý
정가	regular price	定価	定价、原价	định giá
허위 광고	false advertising	虚偽広告	虚假广告	quảng cáo sai sự thật
일장일단	pros and cons	一長一短	有长处和短处、有优点和缺点	ưu và nhược điểm
우편물	postal matter	郵便物	邮件、邮包	bưu phẩm
배송	delivery	配送、配達	配送	vận chuyển

물품	item	物品、品物	物品	vật phẩm
생년월일	date of birth	生年月日	出生年月日、出生日期	ngày tháng năm sinh
불법	illegal	不法、違法	违法、非法	bất hợp pháp
빠져나가다	to escape	(外に)流れる、抜け出す	外流	thoát khỏi
매체	media	媒体	媒体	phương tiện truyền thông
벌금	fine	罰金	罚金、罚款	tiền phạt
쓸데없이	uselessly	無駄に、余計に	白白地、无谓地	một cách vô dụng

unit 3 건강

	영어	일본어	중국어	베트남어
위생	hygiene	衛生	卫生	vệ sinh
장수	longevity	長寿、長生き	长寿	sống lâu
호흡	breathing	呼吸	呼吸	hô hấp
혈압	blood pressure	血圧	血压	huyết áp
얼굴빛	complexion	顔色、血色	脸色、面色	sắc mặt
창백하다	to be pale	蒼白だ、青白い	苍白、煞白	tái nhợt
병균	germ	病菌、病原菌	病菌	vi khuẩn gây bệnh
흐르다	to flow	流れる	流、流淌	chảy
혈관	blood vessel	血管	血管	mạch máu
압력	pressure	圧力	压力	áp lực
충격	shock	衝撃	刺激、冲击	sốc, cú va đập
저혈압	hypotension	低血圧	低血压	huyết áp thấp
빈혈	anemia	貧血	贫血	thiếu máu
영업	business	営業	营业	việc kinh doanh
산소	oxygen	酸素	氧、氧气	ô-xy
통	a call	(電話)〜通、本	通	cuộc gọi
베개	pillow	枕	枕头	cái gối
이불	blanket	掛け布団	被子	cái mền
묻다	be stained with	つく	沾上、附着	dính
도둑질	theft	盗み、盗むこと	偷、偷盗	hành vi trộm cắp

형편	situation	家計の状況、生活の様子	境况、生活情况	tình hình
당부하다	to request	頼む、呼びかける	嘱咐、叮嘱	yêu cầu
통제	control	統制、コントロール	控制、管制	khống chế
올리다	to raise	上げる	抬、抬高	nâng lên
조차	even	さえ、すら	连……都……	thậm chí
생활비	living expenses	生活費	生活费	chi phí sinh hoạt
은혜	grace	恩	恩惠、恩情	ân huệ
갚다	to repay	返す	偿还、报答	trả lại, đền ơn
요기하다	to have a snack	腹ごしらえをする	充饥、垫饥	ăn lót dạ
로또	lotto	ロト	彩票	xổ số
맞추다	to match	当てる、合わせる	中（奖）、（猜）中	trúng số
쿠폰	coupon	クーポン	券、礼券	phiếu mua hàng
입맛(이)돌다	to have a craving for	食欲が出る	胃口好起来	thèm ăn
바깥	outside	外	外面	bên ngoài, ngoài trời
나름대로	in one's own way	それなりに	按照自己的方式	theo cách riêng của bản thân
액땜	ward off misfortune	厄落とし、厄払い	破财免灾	vượt khó
자식	child	子ども	子女、儿女	đứa trẻ, bé con
체질	physical constitution	体質	体质	thể chất
공복	empty stomach	空腹	空腹	bụng đói
가정의학과	family medicine	家庭医療科	家庭医学科、全科医学学科	khoa y học gia đình
전문의	(medical) specialist	専門医	专科医生	bác sĩ chuyên khoa
궁금증	curiosity	気になること、疑問	疑惑、疑问	chứng tò mò
몸매	body shape	体、体つき	身材、体型	dáng người
폭식	binge eating	暴食	暴饮暴食	háu ăn
유산소 운동	aerobic exercise	有酸素運動	有氧运动	thể dục nhịp điệu thôi

무산소 운동	anaerobic exercise	無酸素運動	无氧运动	tập thể dục nín thở
박동수	heart rate	心拍数	搏动频率	nhịp tim
지방	fat	脂肪	脂肪	mỡ
연소	combustion	燃焼	燃烧	đốt cháy
근육	muscle	筋肉	肌肉	cơ bắp
근력	muscle strength	筋力	筋力、肌肉的力量	sức mạnh cơ bắp
역도	weightlifting	重量挙げ、ウェイトリフティング	举重、举重运动	cử tạ
스콧	squat	スクワット	深蹲	squat, ngồi xổm
버티다	to endure	耐える	坚持、撑住	chịu đựng, chống đỡ
팔 굽혀 펴기	push-up	腕立て伏せ	俯卧撑	chống đẩy, hít đất
턱걸이	pull-up	懸垂	引体向上	đu xà ngang
춘곤증	spring fatigue	春困症(春に感じるけだるさ)	春困症、春困	chứng uể oải
섭취하다	to consume	摂取する	摄取、摄入	hấp thụ
즉각	immediately	即刻、即座	立刻、马上	tức khắc
탄수화물	carbohydrate	炭水化物	碳水化合物	cacbohydrat
통곡물	whole grain	全粒穀物	全谷物	các loại ngũ cốc, lương thực
쫓다	to drive out, to kick out	追い、追い出す	撵、驱赶	đuổi bắt, truy đuổi
카페인	caffeine	カフェイン	咖啡因	chất cafein
숙면	deep sleep	熟眠	睡眠	giấc ngủ sâu
다만	only	ただし、しかし	但是、只是	tuy nhiên
윗몸 일으키기	sit-up	腹筋運動	仰卧起坐	gập người, gập bụng
치매	dementia	認知症、痴呆	痴呆症	mất trí nhớ
관찰하다	to observe	観察する	观察、察看	quan sát
해마	hippocampus	海馬	海马体	cá ngựa
자극	stimulate	刺激	刺激	kích thích
밀접하다	to close	密接している	紧连、密接	mật thiết
소화불량	indigestion	消化不良	消化不良	khó tiêu
군것질	snack	間食、おやつ	吃零食、吃零嘴儿	ăn vặt
편두통	migraine	片頭痛	偏头痛	chứng đau nửa đầu

통증	pain	痛み	痛症	đau nhức
불면증	insomnia	不眠症	失眠症	mất ngủ
진정제	sedative	鎮静剤	镇静剂	thuốc an thần
전두엽	frontal lobe	前頭葉	额叶	thùy trán
편도체	amygdala	偏桃体	扁桃体	hạch hạnh nhân
소뇌	cerebellum	小脳	小脑	tiểu não
측두엽	temporal lobe	側頭葉	側脑叶、颞叶	thùy thái dương
베르니케 영역	wernicke's area	ウェルニッケ野	韦尼克区	khu vực wernicke
깊다	to deep	深い	深	sâu
빅데이터	big data	ビックデータ	大数据	dữ liệu lớn, big data
기관	institution	機関	机关、机构	cơ quan
세안	face washing	洗顔	洗脸	rửa mặt
펀드	fund	ファンド	基金	quỹ, trái phiếu
질환	disease	疾患	疾病、疾患	bệnh tật
당뇨	diabetes	糖尿	糖尿、糖尿病	bệnh tiểu đường
명예	honor	名誉	名誉、名声	danh dự
깨닫다	to realize	気づく、悟る	意识到、觉悟	nhận ra
눈도 깜짝 안 하다	not bat an eye	びくともしない	眼睛都不眨一下	không chớp mắt
낯이 익다	to be familiar	顔なじみだ、見覚えがある	眼熟、面熟	nhìn quen quen
손을 떼다	to withdraw (from something)	手を引く	放手、停手	bỏ tay ra
체력	stamina	体力	体力	thể lực
차차	gradually	だんだん、次第に	逐渐、慢慢地	dần dần
키우다	to raise	鍛える、高める	增强（力量）	nuôi dưỡng
강도	intensity	強度	强度	cường độ
지수	index	指数	指数	chỉ số
균형	balance	均衡、バランス	均衡、平衡	sự cân bằng
못지않다	no less than	劣らない、ひけをとらない	不亚于、不次于	không thua kém

unit 4 교통

	영어	일본어	중국어	베트남어
통근	commute	通勤	通勤、上下班	đi lại
교차로	intersection	交差点	交叉路口、十字路口	ngã tư
정체	congestion	渋滞	停滞、滞留	đình trệ
인도	sidewalk parement	歩道	人行道	đường dành cho người đi bộ
차도	roadway	車道	机动车道	đường xe chạy
보행자	pedestrian	歩行者	行人	người đi bộ
승객	passenger	乗客	乗客	hành khách
여파	aftermath	余波	余波、影响	hậu quả
꼼짝(~도 못하다)	be stuck	ちょっとばかり動くさま	微微动弹、稍稍一动	động đậy, nhúc nhích
혼잡하다	to be congested	混雑している	混杂、拥挤	hỗn tạp
과속	speeding	過速、スピードの出しすぎ	超速	chạy vượt tốc độ
단속에 걸리다	to get caught in a crackdown	取り締まりに引っかかる	被查出、被抓到	bị bắt lại, bị giữ lại
견인되다	to be towed	牽引される	被拖走	bị kéo đi
승차하다	to board	乗車する	乗车、上车	đi xe
인구	population	人口	人口	dân số
골목	alley	路地	胡同、小巷	hẻm
차량	vehicle	車両	车辆	phương tiện giao thông
질서	order	秩序	秩序	trật tự
가드레일	guardrail	ガードレール	(车道)护栏、栏杆	dải ngăn cách trên đường
오르다	to go on	途に就く	踏上	lên đường về quê
갇히다	to be trapped	閉じ込められる	被困	bị hạn chế, bị ràng buộc
귀가	return home	帰宅	回家	trở về nhà
체하다	to have an upset stomach	胃もたれする	滞食、积食	giả vờ
빙판길	icy road	凍った路面、アイスバーン	结冰的路面	mặt đường đóng băng

꼴찌	last place	ビリ、最下位	倒数第一、最后一名	hạng bét
운명	fate	運命	命运、宿命	định mệnh
위반하다	to violate	違反する	违反、违背	vi phạm
낭패를 보다	to experience a disaster	狼狽、不覚を取る	狼狈不堪	bị tổn thất
만원	full capacity	満員	满员	mười nghìn won
하도	too much	とても、あまりにも	太、非常	quá mức
끼니	meal	食事	饭、顿	bữa ăn
거르다	to skip (a meal)	抜く、とばす	落、跳过	bỏ bữa
차라리	rather	いっそ、かえって	不如、干脆	thà rằng
산더미	pile (of things)	山積み	[喻]堆成山、堆积如山	chất đống như núi
어쨌든	anyway	とにかく、いずれにせよ	不管怎样、反正	dẫu sao thì
민족의 대이동	mass migration of people	民族大移動	民族大迁徙	sự di chuyển lớn của người dân
귀성	returning home for holidays	帰省	回老家、回家探亲	về quê
전쟁	war	戦争	战争	cuộc chiến
귀경	returning to the city	帰京（都に帰ること）	返城	quay lại seoul
연구원	researcher	研究院	研究院	viên nghiên cứu
통행	passage	通行	通行	thông hành, qua lại
실태	actual condition	実態	实况	thực trạng
총	total	総	总共	tổng cộng
공사	public corporation	公社	公社	thi công
전망하다	to forecast	見込む、予測する	预计、展望	nhìn xa, dự đoán
순	order (ranking)	順	顺序	theo thứ tự
국토교통부	ministry of land, infrastructure and transport	国土交通部	国土交通部	bộ giao thông và địa chính hàn quốc
원활하다	to smooth	円滑だ	灵活、通畅	trôi chảy, suôn sẻ
소통	flowing(traffic)	流れ、疎通	疏通、疏导	thông suốt

갓길	shoulder (of the road)	路肩	应急车道、紧急停车道	làn đường phụ
차로	lane	車道	车道	đường dành cho ô tô
면제	exemption	免除	免除	miễn trừ
임시	temporary	臨時	临时	tạm thời
방안	measure, way	方案	方案	phương án
몰리다	to be crowded	押し寄せる、殺到する	拥到、聚集	bị dồn, bị ép
장시간	long time	長時間	长时间	thời gian dài
번갈아	alternately	交代して	轮流、轮换	luân phiên
막상	when it comes to (the moment)	いざ、実際に	实际上、真的	bỗng dưng xảy đến
역귀성	reverse homecoming	逆帰省	反向省亲、反向探亲(指父母在节日里前去外地看望子女)。	thụt lùi
단시간	short time	短時間	短时间、短期	thời gian ngắn
폭주하다	to rage (flood in)	一気に集中する	暴增	phóng nhanh vượt ẩu
한편	meanwhile	一方	另一方面、与此同时	mặt khác
예측되다	to be predicted	予測される	预测、预料	được dự đoán
분산되다	to be dispersed	分散する	分散	được giải tán
바람직하다	to be desirable	望ましい	最好、为宜	đúng đắn
전자책	e-book	電子書籍	电子书籍	sách điện tử
여성	female	女性	女性、女人	nữ giới
남성	male	男性	男性、男人	nam giới
꼴불견	eyesore	みっともないこと、見苦しいこと	丑态	xấu xí, tệ hại
차지하다	to occupy	占める	占据、占有	chiếm hữu
이외	besides	以外	以外	ngoại trừ
주정을 부리다	to act drunk and disorderly	(酔っ払って)醜態をさらす	耍酒疯	say rượu
쩍 (다리를~ 벌리다)	to splayed out	ばっと	大开	cảm thấy
벌리다	to spread	広げる	劈开、张开	tách ra
불필요하다	to be unnecessary	不必要だ	不必要	không cần thiết

접촉	contact	接触	接触	tiếp xúc
효도	filial piety	親孝行	孝道	lòng hiếu thảo
부대찌개	army base stew	プデチゲ	部队锅、火腿肠锅	món canh hầm budaejjigae
설렁탕	seolleongtang (ox bone soup)	ソルロンタン(牛骨スープ)	雪浓汤	món canh seolleongtang
정면	front	正面	正面	chính diện
방면	direction	方面	方面	phương diện
금강산도 식후경	even mount geumgang is better after eating (proverb: anything is better on a full stomach)	花より団子(どんなに素晴らしい景色や楽しい娯楽も、お腹が空いているときには楽しめない)	金刚山也要吃饱了再去观赏。民以食为天。	có thực mới vực được đạo
근사하다	to be fancy	素晴らしい、素敵だ	像样、很棒	xấp xỉ, gần giống
여객선	passenger ship	旅客船	客轮、游轮	tàu chở khách
머리를 식히다	to clear one's head	頭を冷やす、頭を休める	冷静、镇静	thư giãn đầu óc
난리	commotion	騒ぎ	混乱、乱局	náo loạn
휴게소	rest area	休憩所、サービスエリア	服务区	trạm dừng chân

unit 5 한국의 축제

	영어	일본어	중국어	베트남어
개막	opening (of an event)	開幕	开幕	khai mạc
폐막	closing (of an event)	閉幕	闭幕	bế mạc
매표소	ticket office	チケット売り場	售票处	quầy bán vé
통합	integration	フリーパス	合并、通（票）	tích hợp
권	ticket	券	券、票	phiếu, vé
현장	on-site	現場	现场	hiện trường
마스코트	mascot	マスコット	吉祥物	linh vật
표어	slogan	標語、スローガン	标语	khẩu hiệu

개최하다	to host (an event)	開催する	举办、举行	tổ chức
성원하다	to support	声援する、声援を送る	声援、助威	ủng hộ, trợ giúp
시상하다	to award (a prize)	授賞する	授奖、颁奖	trao thưởng
장식하다	to decorate	飾る	装饰、打扮	trang trí
특성	characteristic	特性	特性、特点	đặc trưng
머드팩	mud pack	マッドパック、泥パック	泥浆面膜	gói bùn
선탠	suntan	日焼け	晒黑皮肤、日光浴	rám nắng
힘차다	to be vigorous	力強い	奋力、（更）强	mạnh mẽ
마니아	enthusiast	マニア	迷、发烧友	tín đồ
무용	dance	舞踊	舞蹈	khiêu vũ, múa
과정	process	過程	过程	quá trình
소나기	shower (rain)	にわか雨、夕立	雷阵雨	ào tới
추돌	rear-end collision	追突	追尾	va vào nhau
방전되다	to be discharged (battery)	(バッテリーが)切れる	没电了	hết pin
벌떡	suddenly (stand up)	がばっと	突然、猛然（起身）	phắt dậy, bật dậy
소화기	fire extinguisher	消火器	灭火器	bình cứu hỏa
화재	fire	火災	火灾	hỏa hoạn
하늘의 별 따기	extremely difficult (like picking stars from the sky)	何かを実現することが非常に難しいことのたとえ。夢のまた夢。	比摘星还难	hái sao trên trời
폭우	heavy rain	大雨、豪雨	暴雨	mưa lớn
둘러보다	to look around	見回る、見て回る	转、逛	nhìn quanh
보호소	shelter	保護施設、シェルター	保护设施	nơi trú ẩn
병가	sick leave	病気休暇	病假	nghỉ dưỡng bệnh
송별회	farewell party	送別会	欢送会、送别会	tiệc chia tay
진심	sincerity	本気	真心、诚心	sự chân thành
안내문	notice	案内文	介绍、说明	bảng hướng dẫn, bảng thông báo
박람회	expo	博覧会、フェア	博览会	cuộc triển lãm
말	end	末	末	cuối, phần cuối

초	early	初め	初	đầu, phần đầu
개막식	opening ceremony	開会式	开幕式	lễ khai mạc
폐막식	closing ceremony	閉会式	闭幕式	lễ bế mạc
업체	business	企業、業者	实体、企业	công ty
꽃꽂이	flower arrangement	生け花、フラワーアレンジメント	插花、花道	cắm hoa
콘테스트	contest	コンテスト	竞赛、比赛	cuộc thi
도자기	pottery	陶磁器	陶瓷	đồ gốm sứ
농촌	rural area	農村	乡村、田园	nông thôn
한지	hanji (traditional korean paper)	韓紙	韩纸	hanji - giấy truyền thống của hàn quốc
공예	craft	工芸	工艺	thủ công mỹ nghệ
한자리	one place	一ケ所、同じ場所	同一场合、汇聚一堂	một chỗ, một nơi
동양	orient	東洋	东洋、东方	phương đông
인공	artificial	人工	人工	nhân tạo
호수	lake	湖	湖、湖水	hồ
그만이다	to be excellent	一番だ、うってつけだ	没说的、棒极了	từng ấy là được
종사자	worker	従事者	从业者、工作人员	người trong ngành
향기	fragrance	香り	香气、香味	hương thơm
역대	of all time	歴代	历代、历届	nhiều đời
공개	publication, release	公開	公开	công khai, mở
불꽃놀이	fireworks	花火	烟花	bắn pháo hoa
푸짐하다	to be plentiful	盛りだくさんだ	丰厚、丰盛	phong phú
환상	fantasy	幻想	梦幻	ảo tưởng
낭만	romance	ロマン	浪漫	lãng mạn
펼쳐지다	to spread	広がる	绽放、展现	được mở ra
패키지	package	パッケージ	套餐、组合	bưu kiện
자막	subtitle	字幕	字幕	phụ đề
초청	invitation	招待	邀请	lời mời
복합	complex	複合	复合、综合	tổ hợp
비평가	critic	批評家	批评家	nhà phê bình

우수하다	to be excellent	優秀だ	优秀	uru tú
유네스코	unesco	ユネスコ	联合国教科文组织	unesco
세계문화유산	world cultural heritage	世界文化遺産	世界文化遗产	di sản văn hóa thế giới
고유	unique	固有	固有、传统	cái vốn có
우아하다	to be elegant	優雅だ	优雅	thanh lịch
필수	essential	必須	必需、必不可少	thiết yếu
뮤지션	musician	ミュージシャン	音乐家、乐师	nhạc sĩ
아마추어	amateur	アマチュア	业余	nghiệp dư
플리마켓	flea market	フリーマーケット	跳蚤市场	chợ phiên
규모	scale	規模	规模	tỉ lệ
한여름	midsummer	真夏	仲夏、盛夏	giữa mùa hè
중순	mid	中旬	中旬	giữa, trung tuần
전후	around	前後	前后	trước sau
수-	many	数〜	数	hàng-(số)
불과	only	わずか	不过、只不过	không quá
간고등어	salted mackerel	塩サバ	盐（渍）鲐鱼	cá thu muối
직전	just before	直前	之前、前夕	ngay trước khi
직후	just after	直後	之后不久	ngay sau khi
도로변	roadside	道路沿い	路边、路旁	ven đường
하천변	riverside	河川のほとり	河川边、河边	ven sông
옷차림	outfit	服装、身なり	穿着、打扮	cách ăn mặc
기상청	meteorological administration	気象庁	气象厅	cục khí tượng
개화하다	to bloom	開花する	开花	thay đổi, đổi mới
만개하다	to be in full bloom	満開になる	盛开	nở rộ
철쭉	azalea	ツツジ	杜鹃	cây đỗ quyên
유채꽃	canola flower	菜の花	油菜花	hoa cải dầu
개나리	forsythia	レンギョウ	迎春花	cây đầu xuân
외래어	loanword	外来語	外来语、外来词	từ ngoại lai
판타지	fantasy	ファンタジー	科幻、奇幻	kỳ ảo
플래시	flash	フラッシュ	手电筒、电棒	đèn flash, đèn chớp
리더십	leadership	リーダーシップ	领导力、领导才能	khả năng lãnh đạo
브러시	brush	ブラシ	刷子、梳子	bàn chải

인디언	native american	インディアン	印第安人	người da đỏ
된소리	fortis (tense sound in korean)	硬音、濃音	紧音	âm căng
원칙	principle	原則	原则	nguyên tắc
개막작	opening film	オープニング作品	开幕影片	mở màn
만만하다	to be easy	手強くない、甘く見える	容易、不费劲	dễ dàng, nhẹ nhàng
상업	commercial	商業	商业	kinh doanh, buôn bán
독립	independent	独立	独立	độc lập

unit 6 문학

	영어	일본어	중국어	베트남어
문학	literature	文学	文学	văn học
장편	novel (full-length)	長編	长篇	bộ nhiều tập. dài tập
단편	short story	短編	短篇	tác phẩm ngắn, truyện ngắn
수필	essay	エッセイ	随笔	tản văn, tùy bút
희곡	play (drama)	戯曲	戏曲	kịch bản
비평	criticism	批評	批评、评论	phê bình, bình luận
출판사	publisher	出版社	出版社	nhà xuất bản
베스트셀러	bestseller	ベストセラー	畅销书	sách bán chạy nhất
고전	classic	古典	古典	cổ truyền
호평	positive review	好評	好评	đánh giá tốt
악평	negative review	悪評	恶评	đánh giá xấu
조각	sculpture	彫刻	雕刻、雕塑	điêu khắc
방해하다	to disturb	邪魔する	妨害、妨碍	cản trở
건망증	forgetfulness	物忘れ	健忘症	bệnh đãng trí
사소하다	to be trivial	些細だ、細かい	琐碎、细小	nhỏ nhặt
다투다	to argue	喧嘩する、争う	争吵、争执	tranh cãi

의지하다	to depend on	頼る	依靠、依赖	phụ thuộc vào
대기	waiting, stand by	待機	等待	chờ đợi
퇴사	resign	退職する	辞職	thôi việc
맨	very	一番の	最	(trên, dưới,..) cùng
대출	loan	ローン	贷款	khoản vay
지시	instruction	指示	指示	chỉ thị
일단	first (of all)	一旦、ひとまず	一旦	trước hết
진찰	medical examination	診察	诊察、诊断	chẩn đoán
작사	lyric writing	作詞	作词	sáng tác lời bài hát
작곡	composition	作曲	作曲	sáng tác nhạc
강변	riverside	川辺	江边	ngụy biện
뜰	garden	庭、ガーデン	庭院	sân, vườn
모래	sand	砂	沙子	cát
갈(댓)잎	reed leaf	葦の葉	芦苇叶子、苇叶	lá khô
시도	attempt	試み	试图、尝试	thử nghiệm
흔들다	to shake	揺さぶる	动摇	lắc, nhún
가치	value	価値	价值	giá trị
추구하다	to pursue	追求する	追求	theo đuổi
교양	culture	教養	教养	học thức
개념	concept	概念	概念	khái niệm
콧대(가)높다	to be arrogant	傲慢だ、プライドが高い	高傲、傲慢	vênh váo
방식	method	方式、やり方	方式	phương thức
다가가다	to approach	近づく、迫る	接近、走近	đến gần, tiếp cận
접하다	to encounter	接する	接触	đón nhận
수납	storage	収納	收纳	thu nạp
유통	distribution	流通	流通	lưu thông
업데이트	update	更新、アップデート	更新	cập nhật
아예	at all	頭から、最初から	干脆、索性	hoàn toàn
전용	exclusive use	専用	专用	chuyên dụng
신조어	neologism	新造語	新名词、新造语	từ mới
팔로우	follow	フォロー	关注	theo dõi
이내	within	以内	以内	trong vòng

단문	short sentence	短文、短い文章	短文	câu ngắn, câu đơn giản
문장	sentence	文章	文章、句子	câu, câu văn
게시되다	to be posted	掲示される、公開される	被登载、被公布	được đăng lên
사형	death penalty	死刑	死刑	tử hình
청각	hearing (sense)	聴覚	听觉	thính giác
다문화 가정	multicultural family	多文化家族	跨国婚姻家庭、涉外婚姻家庭	gia đình đa văn hóa
가요	song (popular music)	歌謡	歌谣	ca dao
여인	woman	女性	女人	phụ nữ
시집	collection of poems	詩集	诗集	tuyển tập thơ
연가	love song	恋歌、ソナタ	恋歌	tình ca
노랫말	lyrics	歌詞	歌词	lời bài hát
면	side	面	面	phương diện
메마르다	to be dry	乾燥している、干からびる	贫瘠、干燥	cằn cỗi, khô khan
감성	sensitivity, sensibility	感性、雰囲気	感性、情感	cảm tính, cảm xúc
촉촉하다	to be moist	しっとりしている	湿润	ẩm ướt
적시다	to wet, to moisten	濡らす、浸す、染める	弄湿、滋润	làm ướt, làm dịu
제외되다	to be excluded	除外される、除かれる	除外、例外	bị loại trừ
집단	group	集団	集团	nhóm
알코올의존증	alcoholic, drinking problem	アルコール依存症	酒精中毒	nghiện rượu
심리	psychology	心理	心理	tâm lý
주도	leader	主導	主导	chủ đạo
객관	objectivity	客観	客观	khách quan
겪다	to experience	経験する、味わう	经历、经受	trải qua
묘사	description	描写	描写	mô tả
간접	indirect	間接	间接	gián tiếp
폭넓다	to be broad, extensive	幅広い	广泛、全面	rộng

치유	healing	治癒	治愈	sự chữa bệnh
내적	internal	内的な	内在的、内心的	nội tại
성숙하다	to be mature	成熟する	成熟	trưởng thành
배가되다	to be doubled	倍増する	加倍、成倍	gấp bội
비포장	unpaved	未舗装	(路等)未铺柏油或水泥的	không trải nhựa
외면하다	to ignore, to look away	背を向ける、無視する	回避、躲闪	tránh mặt, làm ngơ
고드름	icicle	つらら	冰柱、冰凌	cột băng
메아리	echo	やまびこ、こだま	回响、回声	tiếng vang
비유	metaphor	比喩、たとえ	比喻	ẩn dụ
백지장	blank sheet of paper	青白い顔	脸色苍白	tờ giấy trắng
쏜살	arrow shot	矢のごとし	离弦之箭	nhanh như tên bắn
보름달	full moon	満月	十五的月亮、满月	trăng rằm
태산	huge mountain	泰山、高くて大きい山	泰山	núi cao
얼음장	sheet of ice	氷の板	冰、(手脚)冰凉	tảng băng, lạnh như băng
점쟁이	fortune teller	占い師	算命的、占卦的人	thầy bói
귀신	ghost	幽霊	鬼神	ma quỷ
거부감	aversion	拒否感、抵抗がある	反感、抗拒心理	phản cảm
취향	taste, preference	好み	取向、品味	khuynh hướng
발 벗고 나서다	to throw oneself into (something) enthusiastically	一肌脱ぐ	挺身而出、自告奋勇地帮助	sẵn sàng tham gia

unit 7 사회 공헌

	영어	일본어	중국어	베트남어
이재민	victim (of a disaster)	被災者	难民、灾民	nạn nhân thiên tai
독거노인	elderly living alone	独居老人	独居老人	người già neo đơn
결식아동	malnourished child	欠食児童	饥饿儿童	trẻ em bị nhịn đói

저소득층	low-income class	低所得層	低收入人群、低收入阶层	tầng lớp thu nhập thấp
소외 계층	marginalized class	社会的弱者	弱势群体	tầng lớp không được để ý đến của xã hội
양로원	nursing home	老人ホーム	养老院	viện dưỡng lão
고아원	orphanage	孤児院、児童養護施設	孤儿院	cô nhi viện
지진	earthquake	地震	地震	động đất
홍수	flood	洪水	洪水	lũ lụt
가뭄	drought	干ばつ、日照り	干旱、旱灾	hạn hán
정책	policy	政策	政策	chính sách
처하다	to face	処する、置かれる	处于、面临	đối mặt với
지원하다	to support	サポートする、後援する	支援	hỗ trợ, chi viện
기증하다	to donate	寄贈する	捐赠、赠予	quyên tặng
모금하다	to raise funds	募金する	募捐、募集	quyên góp tiền
설립	establishment	設立	设立	thành lập
만약	if	もし	假如、如果	nếu, giả như
안다	to hug, to embrace	抱く	抱、搂	ôm
걸치다	to span	かかる、渡る、及ぶ	经过、历时	treo lơ lửng, chịu ảnh hưởng
골치	trouble	頭	头、脑袋瓜子	đầu óc, trí nhớ
욕	swearword	悪口	骂人的话	chửi mắng
세월	time	年月、歳月	岁月	năm tháng
흘러가다	to flow	流れる	流逝	trôi đi
조직	organization	組織	组织	tổ chức
교통편	transportation	交通の便、交通手段	交通工具、交通手段	phương tiện giao thông
의식	consciousness	意識	意识、知觉	ý thức
벌어지다	to occur	起きる	发生	mở ra, vươn ra
휴학	leave of absence	休学	休学	nghỉ học tạm thời
공헌	contribution	貢献	贡献	cống hiến
기업인	businessperson	企業家	企业家	doanh nhân
독립운동가	independence activist	独立運動家	独立运动人士、独立运动家	nhà vận động độc lập

정치인	politician	政治家	政治家、政界人士	chính trị gia
신학자	theologian	神学者	神学者、神学家	nhà thần học
신부	catholic priest	神父	神父	linh mục
가톨릭	catholic	カトリック	天主教	đạo thiên chúa
수녀	nun	修道女、シスター	修女	nữ tu sĩ, ma sơ
종교	religion	宗教	宗教	tôn giáo
내전	civil war	内戦	内战	nội chiến
끔찍하다	to be terrible	ひどい、ものすごい、惨い	惨不忍睹、惨酷	kinh khủng, ghê rợn
힘겹다	to be difficult	大変だ、苦しい	吃力、费劲	vất vả, gian khổ
기도	prayer	お祈り、祈祷	祈祷	cầu nguyện
보수	conservative	保守	保守	bảo thủ
힌두교	hinduism	ヒンドゥー教	印度教	ấn độ giáo
적대감	hostility	敵意	敌对情绪、反感	lòng thù địch
자립하다	to become independent	自立する	自立	tự lập
수학	mathematics	数学	数学	toán học
재봉	sewing	裁縫	缝纫	may vá
후원자	sponsor	後援者、スポンサー	赞助人、后援者	nhà tài trợ
교황청	vatican, holy see	教皇庁	(梵蒂冈)教皇厅	tòa thánh
놀랍다	to be surprising	見事だ、驚きだ	惊人、意想不到	đáng ngạc nhiên
뻗어나가다	to spread out	伸びる	扩展、延伸	trải ra, vươn ra
손길	helping hand	(手助けや救いの)手	援助之手	bàn tay
감탄하다	to admire	感嘆する、感心する	感叹、赞叹	cảm thán, thán phục
내세우다	to put forward	打ち出す、主張する	推举、推选	cử ra, đưa ra
건설	construction	建設	建设	xây dựng, kiến thiết
기금	fund	基金	基金	tiền quỹ
헌신하다	to dedicate	献身する	献身	hiến thân, cống hiến
날로	day by day	日増しに、ますます	日渐	càng ngày càng

악화되다	to worsen	悪化する	恶化、变坏	trở nên xấu đi
위독하다	to be in critical condition	危篤だ	危重、病危	nguy kịch
일손	workforce	人手、働き手	(干活的)手，人手	bàn tay làm việc, việc tay chân
교황	pope	教皇	教皇	giáo hoàng
빈민가	slum	スラム街	穷人区	khu phố nghèo
고통	pain	苦痛、痛み	苦痛	nỗi đau
차례	time	度(回数)	次	lần, lượt
심장마비	heart attack	心臓麻痺	心脏麻痹	nhồi máu cơ tim
국장	state funeral	国葬	国葬	cục trưởng
치르다	to carry out	行う、執り行う	举办、举行	chi trả
풍요롭다	to be affluent	豊かだ	丰饶、富足	giàu có, sung túc
본명	real name	本名	本名	tên thật
전염	infection	伝染	传播、感染	truyền nhiễm
단식	fasting	断食	禁食	tuyệt thực
계기	opportunity	きっかけ、動機	契机	bước ngoặt
중견	mid-level	中堅	中坚、招牌	nhân vật chính, nhân vật trung tâm
월드비전	world vision	ワールドビジョン	世界宣明会	tổ chức tầm nhìn thế giới
유니세프	unicef	ユニセフ	联合国儿童基金会	quỹ nhi đồng liên hợp quốc unicef
최연소	youngest	最年少	最年轻、最年少	ít tuổi nhất
친선	friendship, goodwill (ambassador)	親善	亲善	mối hữu nghị
대사	ambassador	大使	大使	đại sứ
복구	restoration	復旧	修复、重建	khôi phục, khắc phục
바자회	bazaar	バザー	慈善义卖会	hội chợ quyên góp
수익금	profit	収益金	收益	tiền lời, tiền lãi
소속사	agency	所属事務所	所属单位、经纪公司	công ty quản lí
진도	magnitude, intensity	震度	地震强度、震级	cường độ động đất

눈사태	avalanche	雪崩	雪崩	trận tuyết lở
사상자	casualty	死傷者	死伤者	người thương vong
실종자	missing person	行方不明者	失踪者	người bị mất tích
아동	child	児童、子ども	儿童	thiếu nhi
약자	abbreviation	略語	缩写词	người yếu thế
공로	contribution	功労	功劳	công lao
불행하다	to be unfortunate	不幸だ	不幸	bất hạnh
성폭행	sexual assault	性的暴行	性侵害、强奸	cưỡng hiếp
및	and	及び	以及	và
학대	abuse, mistreatment	虐待	虐待	ngược đãi
근절	eradication	根絶	根除、杜绝	diệt trừ
통과되다	to be passed (legislation)	可決される、承認される	通过	được thông qua
목사	pastor	牧師	牧师	mục sư
설마	surely not	まさか	难道、难不成	biết đâu chừng, nhỡ như
더구나	moreover	さらに	再加上	hơn thế nữa
큰소리(를)치다	to brag	大口を叩く	大声说话、大喊大叫	lớn tiếng, quát tháo
손자	grandchild	孫	孙子	cháu trai
모교	alma mater	母校	母校	trường mà mình tốt nghiệp
장학	scholarship	奨学	奖学	học bổng
재단	foundation	財団	财团	tổ chức quỹ
일터	workplace	職場、仕事場	工作场所、工作岗位	nơi làm việc

unit 8 한글과 한국인의 사상

	영어	일본어	중국어	베트남어
사상	ideology	思想	思想	tư tưởng
효도하다	to be filial	親孝行する	尽孝、孝敬	hiếu thảo
충성하다	to be loyal	忠誠する	忠诚	trung thành

공경하다	to respect	敬う	恭敬	cung kính
불교	buddhism	仏教	佛教	phật giáo
유교	confucianism	儒教	儒教	nho giáo
성리학	neo-confucianism	性理学	性理学	tân khổng giáo
기독교	christianity	キリスト教	基督教	cơ đốc giáo
천주교	catholicism	カトリック教	天主教	công giáo
개신교	protestantism	プロテスタント	新教、基督新教	đạo tin lành
훈민정음	Hunminjeongeum (the korean script)	訓民正音	训民正音	huấn dân chính âm
창제	creation	創製	创制	sáng chế
반포	proclamation	頒布	颁布	ban bố
표음문자	phonogram	表音文字	表音文字	văn tự biểu âm
표의문자	ideogram	表意文字	表意文字	văn tự biểu ý
자음	consonant	子音	辅音	phụ âm
모음	vowel	母音	元音	nguyên âm
조선	Joseon (a historical korean dynasty)	朝鮮	朝鲜	triều đại joseon
학문	learning	学問	学问	học vấn
국가	nation	国家	国家	quốc gia
신분	social status	身分	身份	danh tính, thân phận
부처님	buddha	仏様	佛祖、释迦摩尼	đức phật
공휴일	public holiday	祝日、祭日	公休日、法定假日	ngày lễ quốc gia
성당	catholic church	聖堂	教堂	thánh đường
교회	church	教会	教会	giáo hội, nhà thờ
자리잡다	to settle	根付く、位置を確立する	(想法)扎根	chiếm chỗ, giữ vị trí
세대	generation	世代	代、辈	thế hệ
당연하다	to be natural	当然だ	当然、应当	đương nhiên
백성	people	民、百姓	百姓	người dân
바르다	to be correct	正しい、正当だ	正确	ngay thẳng, chính đáng
발음기관	speech organ	発音器官	发音器官、发声器官	cơ quan ngôn luận
수여	conferment	授与	授予	phong tặng

모범	model	模範、お手本	模范	gương mẫu
향상되다	to improve	向上する	提高、提升	được cải tiến
난방	heating	暖房	暖气	sưởi ấm
합리	rationality	合理	合理	hợp lý
매출	sales	売上	销售额	việc bán hàng
입소문	word of mouth	口コミ	传闻、口碑	lời đồn truyền miệng
반입	carrying in	持ち込み	携带、带入	mang vào, nhập vào
출입문	door, gate	出入り口	门口儿、出入口	cửa ra vào
무음	silent mode	無音、マナーモード	无声、静音	im lặng, không có âm thanh
설정하다	to set up	設定する	设定、设置	thành lập
폭설	heavy snowfall	大雪、豪雪	暴雪	bão tuyết
슬럼프	slump	スランプ	(运动状态)低迷、低谷期	sụt giảm, suy thoái
다짐	resolution	決心、決意	决心、保证	cam kết, đảm bảo
부진하다	to be sluggish	不振だ、低迷する	(势头、状态等)不佳	không tiến triển
수요	demand	需要	需要、需求	nhu cầu
접목	grafting (integration)	セット、融合	结合	cấy ghép, lai tạo
기획	planning	企画	企划、策划	kế hoạch
출산율	birth rate	出産率	出生率	tỉ lệ sinh sản
청년	youth	青年、若者	青年	thanh niên
극심하다	to be extreme	激しい、甚だしい	极其严重	vô cùng, tột độ
예측	prediction	予測	预测、预料	dự đoán
실업률	unemployment rate	失業率	失业率	tỷ lệ thất nghiệp
선거	election	選挙	选举	cuộc bầu cử
메우다	to fill	埋める、満たす	挤满、填满	lấp đầy
급증하다	to increase rapidly	急増する	激增、骤增	tăng nhanh
수도권	capital region	首都圏	首都圈	vùng thủ đô
국회의원	member of the national assembly	国会議員	国会议员	đại biểu quốc hội
모	certain, some	某、だれそれ	某	mẹ

뇌물	bribe	賄賂	贿赂、贿赂品	mua chuộc, hối lộ
인명	human life	人命	人命	mạng sống
수색	search	搜索	搜查、搜索	tìm kiếm, truy lùng
지연되다	to be delayed	遅延される、遅れる	延迟、拖延	bị trì hoãn
근심	worry	心配、懸念、気がかり	担心、忧虑	bận tâm, lo lắng
화제	topic	話題	话题	tiêu đề, câu chuyện
간	liver	肝臓	肝、肝脏	gan
역효과	counterproductive effect	逆効果	反作用，负效应	phản tác dụng, tác dụng ngược
문자	text	文字	文字	tin nhắn, văn tự
최소한	at least	少なくとも、最小限	最少、至少	ít nhất, tối thiểu
문맹	illiteracy	文盲	文盲	mù chữ
혀	tongue	舌	舌头	lưỡi
원리	principle	原理	原理	nguyên lí
소수민족	minority ethnic group	少数民族	少数民族	dân tộc thiểu số
보급	dissemination	普及	普及	phổ cập
언어학	linguistics	言語学	语言学	ngôn ngữ học
양반	noble class	両班、朝鮮時代の上流層	两班、贵族	quý tộc
한문	classical chinese	漢文	汉文、古代汉语	văn học chữ hán, hán văn
살인	murder	殺人	杀人	giết người, sát nhân
흥미진진하다	to be thrilling	興味津々だ、興味深い	津津有味、兴趣盎然	đầy hứng khởi
권력	power	権力	权利	quyền lực
불만	dissatisfaction	不満	不满意	bất mãn
퍼지다	to spread	広がる	传开、流传	lan truyền ra, lây lan ra
무너지다	to collapse	崩れる	崩溃、瓦解	sụp đổ, bị phá huỷ
의도	intention	意図、思惑	意图	ý định

측면	aspect	側面	側面	phương diện
중심주의	centrism	中心主義	中心主义	chủ nghĩa trung tâm
교육열	passion for education	教育熱	教育的热情、教育积极性	nhiệt huyết giáo dục
가업	family business	家業	家业、祖业	nghề cha truyền con nối
명문대	prestigious university	名門大学	名牌大学	trường đại học danh tiếng
우대하다	to give preferential treatment	優遇する、優待する	优待、优先对待	ưu đãi
지방대	provincial university	地方大学	地方大学	đại học địa phương
남아 선호 사상	preference for male children	男児選好思想(女児よりも男児を望む社会的風潮のこと)	重男轻女思想	tư tưởng trọng nam khinh nữ
경로사상	respect for the elderly	敬老思想	敬老思想	tư tưởng kính lão
획	stroke (in writing)	画(かく)	笔画	nét
발성 기관	vocal organ	発声器官	发音器官	cơ quan phát thanh
잇몸	gum	歯茎	牙龈	lợi, nướu răng
조합하다	to combine	組み合わせる	组合、组成	kết hợp
본뜨다	to imitate	似せる、模する	效仿、仿照	mô phỏng, bắt chước
확립하다	to establish	確立する	确立	xác lập
다스리다	to govern	治める、統治する	治理、统治	cai trị
정당성	legitimacy	正当性	正当性、合理性	thỏa đáng
입증하다	to prove	立証する、裏付ける	举证、证明	kiểm chứng
훈민정음해례본	Hunminjeongeum haerye (a commentary on the korean script)	訓民正音解例本(ハングルを作った目的や文字の原理、使用方法などが記された解説書)	训民正音解例本	huấn dân chính âm giải lệ bản
지장	obstacle	支障	障碍、阻碍	trở ngại

unit 1 대중문화

동사/형용사 + -더라고요   명사 + -(이)더라고요

과거 어느 때에 직접 경험해서 새롭게 알게 된 사실에 대해 지금 이야기를 듣는 사람에게 전달할 때.

- 가 새로 취직한 회사는 어때요?

  나 처음 일주일 동안은 많이 힘들더라고요. 하지만 지금은 익숙해졌어요.

- 가 제주도에 가 봤어요?

  나 저는 아직 못 가봤는데 사람들이 좋다고 하더라고요.

- 알고 보니 미영 씨가 부장님 딸이더라고요.

동사/형용사 -(으)ㄴ/는 데다(가)   명사 + -인 데다(가)

앞의 상태나 행동에 다른 상태나 행동이 추가돼서 정도가 더 심해짐을 나타내는 표현.

- 그 차는 비싼 데다가 디자인도 별로라서 인기가 없을 것 같아요.
- 아기가 우는 데다가 전화까지 와서 초인종 소리를 못 들었어요.
- 그분은 미인인 데다가 성격도 좋아요.

동사 + -는 법이다   형용사 + -(으)ㄴ 법이다   명사 + -인 법이다

어떤 일이 자연스러움, 당연함을 나타냄.

- 가 백화점에 갔다가 계획에도 없는 걸 사고 말았어요.

  나 견물생심이라고, 물건을 보면 욕심이 생기는 법이잖아요.

- 누구나 자기 자식이 제일 예쁜 법이에요.
- 인생은 새옹지마인 법이야. 곧 좋은 일이 생길 거야.

Unit 2 인터넷과 생활

동사/형용사 + -길래   명사 + -(이)길래

자신이 행동한 사실에 대한 경험적 원인이나 이유, 근거를 나타내는 표현.

- 지나가다가 꽃이 아주 예쁘길래 한 송이 샀어요.

- 가 술을 끊는다더니 왜 또 마셨어요?
  나 친구가 고민이 있다고 같이 한 잔 하자길래 마실 수밖에 없었어요.

동사 + -(으)ㄴ/는 셈이다   형용사 + -(으)ㄴ 셈이다   명사 + -인 셈이다

결국 어떤 것을 하는 것과 비슷하거나 같다는 의미.

- 가 한국에 온 지 벌써 20년이나 됐어요. 한국이 저에게는 제2의 고향인 셈이에요.
  나 정말 그런 셈이네요.

- 가 생각보다 방이 넓지 않은데요?
  나 그래도 가격에 비해 넓은 셈이에요.

동사 + -(으)ㄹ 겸   명사 + -겸

1) 동사 + ~(으)ㄹ 겸 : 어떤 일을 하는 목적, 이유가 두 가지 이상일 때.
- 산책도 할 겸 내가 집까지 데려다 줄게요.
- 오랜만에 책도 볼 겸 생각도 할 겸 도서관에 왔다.

2) 명사 + ~겸 : 둘 이상의 의미, 성격을 함께 가지고 있음.
- 주말에 늦게 일어나서 아침 겸 점심을 먹었다.
- 그는 가수 겸 배우로 일하고 있다.

Unit 3 건강

동사/형용사 + -더라도   명사 + -(이)더라도

어떤 조건이 만족된다고 해도 그 조건과 상반된 결과가 나타난다는 의미.

- 형제라 하더라도 성격은 모두 다르다.
- 급한 일이니까 늦더라도 꼭 전화해 달라고 전해 주세요.
- 아무리 잘생겼더라도 성격이 좋지 않으면 사귀고 싶지 않아요.

동사/형용사 + -기는커녕   명사 + -은/는커녕

앞에서 말한 것은 당연히 불가능하거나 어렵고 그것보다 더 실현 가능한 뒤의 것도 이루기 어려울 때. 말할 것도 없이 오히려.

- 밥은커녕 죽도 못 먹는다.
- 사업을 시작해서 돈을 벌기는커녕 있는 돈까지 다 써 버렸다.

동사 + -(으)ㄴ/는 셈 치다   명사 + -인 셈 치다

앞의 동작이나 사실 등을 한다고 가정하고 뒤의 행동을 함을 나타내는 표현.

- 속는 셈치고 한 번만 믿어 주세요.
- 가 그 사람은 이제 없는 셈 칠게요.
  나 네, 저도 없는 사람인 셈 칠게요.

Unit **4** 교통

동사 + -는 바람에

하지 못 한 일이나 부정적인 결과에 대한 이유를 표현할 때.

- 가 아까 왜 전화 안 받으셨어요?
  나 아이들이 하도 떠드는 바람에 전화 소리를 못 들었나 봐요.
- 가 약을 먹는 걸 보니까 어디 아픈가 봐요?
  나 시간이 없어서 점심을 급하게 먹는 바람에 체했어요.

동사 + -(으)ㄹ 걸 그랬다

실제로 일어난 상황을 후회하며 그 일을 하지 않았거나 다른 선택을 했으면 좋았을 것이라고 표현할 때.

- 가 표가 벌써 매진이에요. 주말이라서 영화 보는 사람들이 정말 많군요.
  나 이럴 줄 알았으면 표를 미리 예매해 둘 걸 그랬어요.
- 가 어제 왜 안 왔어? 네가 좋아하는 가수가 나왔었는데.
  나 진짜? 어제 모임도 재미없었는데 거기나 갈걸.

동사 + -(으)ㄹ 지경이다

보통 이유를 나타내는 '-아/어서' 등과 같이 써서 어떤 이유 때문에 아주 심한 상황, 상태가 되었다는 의미.

- 가 전 그 사람이 아까 왜 그런 행동을 했는지 정말 이해가 안 돼요.
  나 저도 기가 막혀서 말이 안 나올 지경이에요.
- 가 오늘 날씨가 정말 덥지요?
  나 네, 너무 더워서 숨이 막힐 지경이에요.

Unit **5** 한국의 축제

동사/형용사 + -았/었/했기(에) 망정이지   명사 + -이었/였기(에) 망정이지

어떤 일이 일어나거나 그 상황이 된 것이 다행이라는 의미.

- 지하철로 갔기에 망정이지 안 그랬으면 지각할 뻔했다.
- 어제 복습을 했기에 망정이지 시험에 떨어질 뻔했어요

동사 + -(으)ㄴ/는 걸 보니(까)   형용사 + -(으)ㄴ 걸 보니(까)
명사 + -인 걸 보니(까)

어떤 사실이나 상황을 보고 추측할 때 이유를 나타내는 표현.

- 집에 전화를 안 받는 걸 보니까 아무도 없나 봐요.
- 수업이 끝나자마자 집에 간 걸 보니까 급한 일이 생긴 모양이에요.

동사 + -(으)ㄴ/는/(으)ㄹ 줄 알다/모르다
형용사 + -(으)ㄴ/(으)ㄹ 줄 알다/모르다   명사 + -인 줄 알다/모르다

예상했던 사실과 실제 사실이 다를 때 사용하는 표현.

- 가 어제 민수 씨가 노래 대회에서 1등을 했다면서요?
  나 네, 저도 민수 씨가 그렇게 노래를 잘 하는 줄 몰랐어요.
- 가 11월인데 꽤 쌀쌀하지 않아요?
  나 네, 한국이 이렇게 추운 줄 몰랐어요. 별로 안 추울 줄 알았는데...

Unit **6** 문학

동사 + -기(가) 일쑤다

어떤 일이 자주 일어남을 나타내는 표현. 주로 자신의 의지에 의해서라기보다는 저절로 그렇게 되는 일에 대해 주로 표현할 때.

- 민경이는 아침잠이 많아서 지각하기 일쑤이다.
- 수미는 건망증이 심해서 물건을 놓고 오기 일쑤였다.

동사 + -느니

둘 다 마음에 쏙 들지는 않지만 그래도 둘 중에서 나은 하나를 선택할 때.

- 친구를 배신하고 부자가 되느니 평생 가난하게 살겠다.
- 거짓말을 하느니 차라리 미움을 받고 말겠다.

동사 + -는 둥 마는 둥 (하다)

어떤 행동을 열심히 하지 않거나 제대로 하지 않는다는 의미.

- 시간이 없어서 밥을 먹는 둥 마는 둥 했어요.
- 친구들에게 인사를 하는 둥 마는 둥 급히 밖으로 나왔다.

Unit **7** 사회 공헌

얼마나 -(으)ㄴ/는지 알다/모르다, 얼마나 - 았/었/했는지 알다/모르다

반어적으로 의미를 강조하는 표현. '아주 ~', '정말로~'의 의미.

● 가 날씨가 갑자기 추워진 것 같아요.

　 나 네, 찬 바람이 얼마나 세게 부는지 몰라요.(=얼마나 세게 부는지 알아요?)

● 가 요즘 얼굴보기 힘들던데 바쁜가 봐요.

　 나 얼마나 바쁜지 몰라요. (=얼마나 바쁜지 알아요?)

동사 + -고 보니(까)

어떤 일을 한 이후에 또는 그 결과로 새롭게 알게 된 것을 말할 때.

● 가 어제 속상한 일이 있었어? 술 많이 마시더라.

　 나 응, 어떻게 집에 왔는지 모르겠어. 정신 차리고 보니까 집이었어.

● 듣고 보니 그 말도 맞네.

동사/형용사 + -(으)ㄴ들　명사 + -인들

어떤 상황을 가정하거나 어떤 조건을 인정한다고 해도 그 결과로 기대되는 내용이 부정됨을 나타낼 때.

● 지금 서둘러 간들 기차를 못 탈 것 같다.

● 세월이 흘러간들 그 일을 잊을 수는 없다.

Unit **8** 한글과 한국인의 사상

동사/형용사 + -(으)므로   명사 + -(이)므로

이유나 근거. 회화보다는 글을 쓸 때나 연설, 발표 등에서 주로 사용함.

- 그 사람이 나를 믿으므로 나도 그를 믿는다.
- 주택이 부족하므로 아파트를 더 지어야 한다.
- 그는 모범 학생이으므로 늘 칭찬을 받았다.
- 경제가 나빠졌으므로 취업도 어려워질 것으로 예상된다.
- 그 사람은 어떤 어려움도 잘 이겨낼 것이므로 걱정없다.

동사/형용사 + -(으)리라   명사 + -(이)리라

1) 결심, 계획, 추측을 나타낼 때.
- 다시는 그 사람과 헤어지지 않으리라는 결심을 했다.
- 어떤 일이 있어도 사업에 성공하리라는 각오로 열심히 일했다.

2) 앞으로의 전망, 추측을 나타낼 때.
- 세계 인구가 2050년쯤 1백억 명을 넘으리라는 예측이 나오고 있다.

동사, 형용사 + -(으)ㄴ/는 가운데   명사 + -인 가운데

어떤 일이나 상황이 지속됨을 나타내는 표현.
- 전 직원이 참석한 가운데 회의가 열렸다.
- 바쁘신 가운데 자리를 채워 주신 여러분께 감사드립니다.

memo

한글파크는 한국어 교재
출판사이자 전문 서점입니다

New
Easy Korean
for foreigners

- 듣기 지문
- 모범 답안
- 단어 목록
- 문형 설명

Since1977

시사 Dream,
Education can make dreams come true.